김정은 시대, 유럽연합과 북한

최진우 엮음

박영사

서 문

　2019년 2월 말 제2차 북미정상회담이 결렬되면서 2018년 초부터 시작된 한반도 비핵화를 향한 여정이 중대 기로에 놓였다. '회담 결렬'이라는 다소 뜻밖의 결과가 나온 이후 그 배경을 놓고서 다양한 이유가 나오고 있으며 추후 북미 회담의 재개 가능성과 북한의 비핵화에 대한 우려가 제기되고 있다. 이런 상황에서 우리 정부는 북미대화의 모멘텀을 유지하기 위해 미국을 비롯한 국제사회와 긴밀히 공조하고 있으며, 특히 유럽연합(EU) 외교·안보 고위대표를 예방하는 등 북한 비핵화와 한반도 평화 정착을 위해 EU국가들로부터의 건설적인 역할을 당부하고 있다.

　우리 정부가 북한 비핵화를 위해 EU의 역할에 주목하는 데에는 EU가 지금까지 북한 비핵화와 한반도 평화 정착을 위해 적극적인 노력을 해오고 있기 때문이다. EU는 유엔 안보리 대북 결의를 충실히 이행하는 한편, 독자적인 추가제재 조치까지 취함으로써 대북 제재에 있어서 국제사회를 선도하고 있다. 이에 더해 EU는 북한 인권문제 개선을 위해서도 많은 노력을 경주해왔다. EU는 매년 UN의 북한인권결의안 채택을 주도하고 있으며, 유럽의회 또한 5차례에 걸쳐 자체적으로 대북 인권 결의안을 채택한바 있다. 아울러 EU는 1995년 북한의 홍수피해를 계기로 시작된 대북 인도적 지원 사업을 정치적 문제와 분리하는 것을 기본원칙으로 하고 있다.

특히 최근 북한이 식량난을 호소하며 유엔 산하 국제기구들에 지원을 요청하는 상황에서 EU는 북한의 인도주의적 상황과 지원 필요성에 대한 현지 실태조사를 하는 등 제재국면에서도 대북 인도적 지원을 위해 많은 노력을 기울이고 있다.

그렇다면 EU는 어떠한 이유에서 북한 비핵화와 인권문제, 그리고 인도적 지원에 공을 들이고 있는가? EU의 대북정책은 EU 고유의 외교정책적 정체성에서 비롯된다. 규범세력으로서의 외교적 행위자를 자처해온 EU는 규범적 가치 실현에 기여한다는 외교정책적 목표를 가지고 있다. EU는 대외정책을 추진함에 있어서 민주주의, 인권, 법치의 실천적 모범을 보임으로써 규범적 가치의 실천자로서의 면모를 보이고 있다. 물론 EU의 외교정책이 규범적 이상만을 기준으로 수립되고 이행되는 것은 아니다. 실리의 확보 또한 매우 중요하게 고려되고 있다. 다만 규범과 실리 양자가 충돌할 경우 규범세력으로서의 EU의 역할에는 많은 한계가 뒤따른다. 이를테면 EU 차원의 규범적 외교정책이 개별 회원국의 실리적 외교정책과 서로 충돌된다면 회원국들은 EU의 규범적 외교정책에 제동을 걸게 된다.

한편 미국의 대북정책과는 달리, 북한문제에 대해서 EU의 대북정책이 규범과 실리가 큰 모순 없이 실행될 수 있는 이유는 EU가 북한에 대해 중대한 이해관계를 갖고 있지 않는다는 점에서 기인한다. 북한은 EU에 실질적인 안보위협이 되는 것도 아니고 경제적 교류의 파트너로서의 의미도 크지 않다. 지리적으로 매우 멀고, 교역과 투자 관계도 미미한 상태이므로 북한에 대해서는 EU 차원의 규범적 외교정책이 회원국들의 반대에 부딪히지 않고 수행될 가능성이 높다. 특히 최근 들어 EU가 북핵문제나 북한 인권문제에 대해 회원국들의 큰 반대 없이 목소리를 높여 강경한 입장을 취할 수 있는 것도 이 때문이다. 이점에서 북한은 EU가 규범세력으로서의 면모를 확립해 나감에 있어서 매우 적합한 외교정책 대상이라 할 수 있다.

다만 현 시점에서는 제재의 수준과 범위가 점차 강화되고 있으며, 그로 인해 EU와 북한의 관계 또한 경색 국면에 처해있는 것이 현실이다. 그러나 양자 간 대화와 교류의 채널이 완전히 닫혀 진 것은 아닐뿐더라 북한 또한 대화 창구로서의 EU에 대한 기대를 저버리지 않고 있다는 점에서 향후 한반도 정세의 변화를 위한 돌파구를 모색함에 있어서 EU가 매우 중요한 역할을 할 수 있을 것이다. 그동안 크게 주목받지 못했지만 EU는 북한과의 오랜 대화의 경험이 있어 북한에 대한 매우 유용한 정보를 가지고 있으며, 특히 북한과도 긍정적인 관계를 유지하고 있다. 따라서 우리의 입장에서는 북한문제에 있어서 유럽과 보다 더 긴밀한 관계를 유지하는 가운데 정보를 공유하고 대화와 지원, 제재와 압박에 있어 공조를 더욱 활성화하기 위한 방안을 모색하는 것이 그 어느 때보다 중요하다.

이상의 문제의식을 토대로 본 연구총서는 규범세력으로서의 며의 외교정책적 정체성이 구체적으로 무엇을 의미하며, EU의 외교정책의 규범적 지향성이 대북정책에 있어 어떤 의미를 갖는지를 분석한다.

본 연구총서는 크게 세 부분으로 구성된다. 제1부에서는 EU 외교정책의 규범적 지향성이 대북 정책에 있어 어떤 의미를 갖고 있으며 양자 간 관계가 어떻게 변화해 왔는지가 분석의 주된 초점이 된다. 제2부에서는 규범세력으로서의 EU의 외교정책을 핵, 인권, 인도주의적 지원 세 부분으로 나누어서 살펴본다. 나아가 제3부에서는 북한의 對 EU정책이 어떻게 변화해 왔는지 그 특징을 분석하고 정책적 대안을 제시한다.

먼저 제1부의 주제는 '가치의 구현과 이익의 실현'이며, 이 부분이 본

연구총서의 도입부(introduction) 성격을 갖는다. 제1부의 저자인 최진우와 김새미는 북한이 유럽에게 별다른 안보위협이 되는 것도 아니고, 양자관계의 발목을 잡고 있는 과거사와 정치적 갈등을 야기할 만한 특별한 현안이 없음에도 불구하고, 근래에 왜 EU가 북한에 대해 강경책으로 일관하고 있는지에 대하여 살펴보고 있다. 이를 위해서 저자들은 미국과의 차별성에 근간을 두고 있는 EU의 '규범세력(normative power)'으로서의 외교정책적 정체성에 주목하면서 EU의 대북정책을 분석하고 있다. 저자들은 EU가 북한의 핵 문제가 규범세력으로서의 외교적 입지를 구축할 수 있는 기회로 활용될 수 있음을 인지했으며, 한반도 문제에 대한 발언권 강화를 계기로 동아시아 지역과의 관계를 심화, 발전시킬 수 있는 전기를 마련했다는 점에 주목했다. 또한 저자들은 EU가 북핵 문제에 대해 강경한 입장을 취하는 것이 대테러전쟁의 수행과정에서 소원해졌던 미국과의 관계를 회복하는 것과 밀접한 연관성이 있음을 밝히고 있다.

다음으로 제2부의 연구들은 EU의 대북정책을 핵문제, 인권문제, 인도적 지원문제를 중심으로 살펴보고 있다. 먼저, 박영민의 연구는 EU의 '비판적 관여정책(critical engagement)'이 형성되는 과정을 통해 EU의 대북정책을 이해하고 정책적 시사점을 도출했다. 구체적으로 저자는 2002년 제2차 북핵 위기가 발생하면서, EU가 대북 지원에 있어서는 유보적인 태도를 견지하는 가운데 핵문제와 관련하여 강경한 입장으로 방향을 수정했다고 분석했다. 저자는 EU의 북한 핵을 바라보는 인식이 바뀌면서, EU는 대북정책에 있어서 다음과 같은 세 가지, 즉 한반도에서 긴장완화, 북한 핵무기와 중장거리 미사일 등 대량살상무기 확산방지, 북한의 인권과 사회경제적 상황을 개선한다는 원칙을 강조하게 됐다고 설명한다. 또한 저자는

EU는 북한에 대한 비판적 관여를 통해 규범세력으로서의 자신의 정체성을 발현하고자 노력을 했다는 점에 주목했다. 다만 저자는 EU는 북핵 문제의 해결에 있어 UN 안보리의 경제제재와 독자적인 제재조치를 이행하면서도 북한에 대한 대화와 인도적 지원, 그리고 인권문제를 해결하기 위해 지속적인 노력을 해왔다는 점을 강조한다. 나아가 EU와 EU 개별 국가들이 북한과의 관계 속에서 축적한 경험과 관련된 정보들을 공유하고 우리 정부의 대북정책에 반영하기 위한 1.5트랙의 한국-EU간 대화가 안정적으로 지속될 필요가 있음을 강조했다.

모춘홍과 최진우의 연구는 규범세력임을 표방하는 EU의 대북한 인권정책이 어떠한 방식으로 추진되는지를 이론적 차원과 실증적 차원의 측면에서 살펴보고, 이를 토대로 EU의 대북한 인권정책의 특징과 한계를 분석했다. 구체적으로 저자들은 EU의 대북한 인권정책을 최진우와 김새미의 연구에서 제시한 규범세력이라는 개념을 가지고 설명한 후, 북한에 대한 EU의 규범외교가 어떻게 발현되고 확산되는지를 규범 확산 메커니즘이라는 이론을 가지고 고찰했다. 뒤이어 저자들은 EU의 대북한 인권정책은 EU-북한간의 양자차원, 국제사회의 협력을 도모하는 다자차원, 그리고 유럽의회 차원의 독자적 대북 인권결의안을 채택 등의 측면에서 다각적으로 추진돼 왔음을 분석했다. 특히 저자들은 EU가 2005년 이후 매년 유엔 북한인권결의안 채택을 주도하고, EU 의회차원에서 독자적으로 북한인권결의안 채택을 주도해온 노력이 EU 대북정책의 중요한 축을 이루고 있다고 분석했다. 다만 저자들은 EU가 북한이 양자차원의 인권개선 요구에 소극적인 태도로 임하고 있는 것으로 판단하면서 북한 인권문제를 유엔 등 다자간의 틀로 이동시킨 것이 거꾸로 EU의 대북 지렛대 효과를 반감시켰다는 점을 지적했다. 이에 저자들은 한국 정부는 EU의 대북정책이 가지고 있는 특징과 한계를 보다 면밀하게 분석할 필요가 있음을 강조했다.

차승주의 연구는 EU의 대북 인도적 지원을 주된 특징과 전개과정, 그리고 현황을 중심으로 살펴보고, 이를 토대로 EU의 대북 인도적 지원의 시사점을 분석했다. 저자는 EU의 대북 인도적 지원은 초기에는 주로 긴급구호 형식으로 이루어졌지만, 점차 북한이 처한 경제위기의 근본적인 원인을 해소하고 개선방안을 모색하는 방식으로 변화됐음을 규명했다. 특히 저자는 1998년 이후 EU 집행위원회가 대북 인도적 지원의 수송과 전달을 담당함으로써 원조의 효율성과 질을 향상시키기 위한 창구로서 기능하고 있다는 점을 분석했다. 또한 저자는 EU의 대북 인도적 지원은 EU 차원의 지원과 별개로 개별 회원국가 차원에서도 꾸준히 이루어지고 있으며, 다른 국가들에 비해 상대적으로 개발지원의 성격이 강하다는 점을 강조했다. 아울러 저자는 EU는 북한의 핵실험과 탄도 미사일 관련 프로그램, 인권 문제 등을 포함한 정치·안보 문제와 인도적 지원은 분리한다는 원칙 하에서 대북 인도적 지원을 지속하고 있다는 점을 강조했다. 이러한 분석을 토대로 저자는 EU의 대북 인도적 지원이 한반도에 주는 시사점을 다음과 같이 제시했다. 첫째, 확고한 원칙과 가이드라인에 따라 일관되게 추진하는 인도적 지원 방식이다. 둘째, 분야별 NGO 활동의 지원을 통한 접근 방식이다. 셋째, 정치·안보적 문제와 인도적 지원은 분리한다.

마지막으로 제3부의 주제는 북한의 對 유럽정책이다. 제3부의 저자인 정일영은 북한의 對 유럽정책이 어떻게 변화해 왔는지 그 특징을 분석하고, 이를 토대로 우리 정부의 정책적 대안을 제시했다. 또한 저자는 김정은 시대의 북한의 북한의 對 유럽정책을 새롭게 재조명했다. 구체적으로 저자는 북한의 對 유럽정책은 크게 네 시기, 즉 소련 중심의 진영외교 구축기(해방 이후 1950년대), 대유럽정책 다변화기(1960-1980년대), 생존외교를 통한 위기극복기(1990년대), 관계정상화와 유인외교의 병행추진기(2000년대 이후)로 나뉘어 변화를 거듭해 왔음을 분석했다. 이러한 분석을 토대로 저자는 북한의 對 유럽정책이 다음과 같이 세 가지 특징, 즉 강대국 우선의 편승정책, 국제적 고립을 극복하기 위한 다변외교, 경제적 이익을 달성하기 위한 실리정책을 특징으로 하고 있다는 점을 규명했다. 나아가 저자는 김정은 시대의 對 유럽정책은 북한의 핵개발과 미사일 발사 등으로 정체되어 있지만, 북핵문제가 일정한 진전을 이루고 동북아 정세가 완화되는 국면에 돌입하면 양자 간 정치대화가 재개될 수 있는 등 관계가 회복될 가능성이 높다는 점을 강조했다.

본 연구총서에 수록된 논문들은 EU의 대북정책을 핵, 인권, 인도주의적 지원으로 구분해서 분석했음에도 불구하고 공통적으로 EU가 대북정책을 추진함에 있어서 정책의 목표와 수단의 모든 면에서 규범세력으로 자리매김하고 있다는 것을 확인할 수 있었다. 구체적으로 EU는 북한 핵문제 해결과 북한 인권 상황 개선을 위한 외교적 수단으로 자체적인 결의안의 수립은 물론이요, 국제기구에서의 문제 제기, 유엔 안보리 의결에 의거한 제재조치 수행 및 추가적인 독자 제재 조치의 이행 등에서 적극성을 띰으로써 대북정책 전반에 있어서 규범세력으로서의 면모를 보여주고 있다.

아울러 본 연구총서는 그동안 한국 학계에서 북한 문제를 다룸에 있어서 크게 주목받지 않았던 유럽연합의 역할을 분석했다는 점에서 매우 시의적절한 연구라고 판단된다. 특히 최근 북한의 군사적 도발이 빈번하게 발생되면서 정부와 학계의 대부분의 관심이 미국과 중국의 역할에 주목하면서 등한시되었던 유럽연합의 역할을 분석했다는 점에서 학문적·정책적으로 매우 중요한 연구임에 틀림없다. 과거 시기 유럽연합과 북한과의 양자차원의 관계가 생각보다 우호적이었다는 점을 고려한다면 본 연구가 갖는 의미는 매우 크다. 본 연구총서의 챕터들은 바로 이러한 성찰과 고민을 담은 결과물이다. 아무쪼록 본 연구총서가 한반도 비핵화와 평화정착을 위한 학문적·정책적 대안을 제시하는데 있어서 자그마한 기여가 될 수 있기를 바란다.

2019년 12월

저자 일동

차 례

|제5장|

북한의 對 유럽(EU) 정책

정일영(IBK기업은행 북한경제연구센터)

제1장

가치의 구현과 이익의 실현[*]: '규범적 유럽'과 북핵 문제

최진우(한양대학교) · 김새미(한양대학교 평화연구소)

I. 서론

2016년 1월 6일, 북한은 4차 핵실험을 감행했다. 2006년 10월 첫 핵실험으로 동북아 국제질서의 지형에 충격을 가한 지 거의 10년만이고 2013년 2월 12일 세 번째 핵실험으로 국제사회의 공분을 불러일으킨 지 약 3년만의 일이다. 북한은 1993년 핵무기 개발 의혹에 대한 국제원자력기구(IAEA: International Atomic Energy Agency) 사찰을 거부하고 핵확산금지조약(NPT: Non=Proliferation Treaty) 탈퇴를 선언함으로써 제1차 북핵 위기를 촉발했고, 2002년 고농축 우라늄 기술의 핵 프로그램을 추진하고 있다는 의혹으로 제 2차 북핵 위기를 일으켰으며, 마침내 2006년과 2009년, 그리고 2013년과 2016년 지하 핵실험을 강행해 동북아 국제정세를 지속적으로 경색시키고 있다.

유럽연합(EU: European Union)은 1993년 1차 북핵 위기 발생 시 북한의

---

* 이 장은 저자가 발표한 학술논문, 최진우·김새미. 2016. "가치의 구현과 이익의 실현: '규범적 유럽'과 북핵 문제." 『국제관계연구』 제21권 제1호를 수정·보완한 것임을 밝힌다.

핵 개발 저지를 위해 북한의 개방을 유도하는 다양한 지원 프로그램을 가동하고 한반도에너지개발기구(KEDO: Korean Peninsula Energy Development Organization)에 참여하는 등 유화적 접근을 택한 바 있다. 그러나 EU는 2002년 2차 북핵 위기 때에는 북한의 핵개발과 미사일 프로그램에 대해 매우 단호하고 강경한 입장으로 선회했다. 각종 지원 사업과 교류 프로젝트를 단절하거나 대폭 축소했으며 UN 안보리의 제재 조치에 적극적으로 동참해 교역 품목 제한, 금융거래 금지, 비자 발급 거부 등의 방법으로 북한을 강하게 압박하고 있고, 자체적인 추가제재 조치까지 취함으로써 대북 제재에 있어 국제사회를 선도하고 있는 모습이다. EU는 북한 인권문제에 대해서도 적극적으로 국제사회를 향해 문제 제기를 하고 있다. UN 총회와 UN 인권이사회에서 수차례에 걸쳐 북한의 인권 상황을 고발하고 비판하는 결의안 채택에 주도적인 역할을 수행했으며, 유럽의회(European Parliament) 또한 수차에 걸쳐 자체적으로 대북 인권 결의안을 채택한 바 있다.[1] 2차 북핵 위기 이후 EU의 북한에 대한 강경정책으로의 선회는 몇 가지 흥미로운 질문을 제기한다.

첫째, 북한은 유럽과 지리적으로 멀리 떨어져 있고 양자 간에는 별다른 상호 교류도 없다. 북한이 유럽에게 별다른 안보위협이 되는 것도 아니고, 양자관계의 발목을 잡고 있는 과거사가 있는 것도 아니며, 양자 간에 정치적 갈등을 야기하고 있는 특별한 현안이 있는 것도 아니다. 그럼에도 불구하고 북한의 핵개발에 대해 EU는 왜 이토록 전 방위적인 강경 일변도의

---

[1] 유럽의회는 2006년 6월, 2010년 7월, 2012년 5월, 2014년 4월, 2016년 1월에 각각 북한 내 인권 문제의 개선과 북한이탈주민들의 인권 보호를 촉구하는 대북 인권 결의안을 채택한 바 있다.

입장을 취하고 있는가? 유럽이 북한과의 관계를 완전히 단절하거나 인도주의적 지원까지 중단한 것은 아니지만 전술한 바와 같이 양자 관계는 2차 북핵 위기 이전에 비해 현저히 냉각된 상태다. 북핵 문제가 유럽의 안보 이익을 직접적으로 위협하는 것도 아니고 설령 북핵문제가 해결된다 하더라도 EU가 챙길 수 있는 별다른 이익이 있는 것도 아닌 상황에서 EU는 왜 일관되게 대북 강경 정책을 고수하고 있는가?

둘째, 유럽은 미국과는 다른 외교정책적 정체성을 발전시켜 왔다. '규범세력'(Normative Power)으로서의 정체성이 바로 그것이다. 유럽은 인권과 법치, 민주주의와 환경 등과 같은 인류 보편의 규범적 가치 구현을 외교정책의 주요 목표로 상정하면서 다자주의적이고 외교적인 방법을 통한 국제문제 해결 방식을 지향하고 있다. 따라서 외교정책 수행에 있어 일방주의적 경향을 보이면서 군사력에 대한 의존성이 큰 미국과의 차별성은 유럽의 외교적 정체성의 중요한 기반이 되고 있고 유럽 스스로도 이를 지속적으로 강조하면서 미국과는 다른 대안적 세력임을 국제사회에 널리 알리고자 노력하고 있다(Cross and Melissen 2013). 이러한 외교정책적 정체성을 바탕으로 유럽은 대북 접촉에 적극 나서기 시작한 1990년대 후반부터 2000년대 초반까지 미국과는 사뭇 다른 매우 적극적이고 포용적인 대북정책을 취해왔다. 그러나 제2차 북핵 위기가 발생한 이후 유럽은 급속도로 미국의 입장에 수렴해가는 양상을 보인다. 왜 유럽은 대북정책에 있어 자신의 외교정책적 정체성의 근간이 되고 있는 미국과의 차별성을 포기하고 미국의 정책노선과 유사한 입장을 취하고 있는가?

셋째, 유럽이 북한에 대해 압박을 취하고 있는 주된 방식은 경제제재다.[2] 그러나 경제제재의 효과성에 대해서는 회의적인 시각이 지배적이다.[3] 특히 최근의 논의에 따르면 경제제재는 제재대상국에게 제재 주체의 의지가 얼마나 단호한지를 전달(signalling)하는 방법으로 그다지 효과적이지 않음이 통계적으로 나타나고 있다고 한다(Whang and Kim 2015). 한편 경제제재가 외교적 목표보다는 국내정치적 목표에 따라 좌우될 수 있다는 개연성을 지적하는 논의도 있다. 경제제재가 제재이행국의 집권 세력 또는 유력 이익단체의 정치적 이익 확보를 위한 수단으로 이용될 수도 있으며, 적어도 제재의 대상, 기간, 강도(強度)를 선택함에 있어 집권세력이 선거에서의 유불리를 따지지 않을 수 없다는 것이다(McGillivray and Stam 2004; Allen 2005, 118). 하지만 EU의 경우 정치적 이득을 위해 북핵 문제를 하나의 카드로 사용할 만한 정치세력이 존재하지 않는다. 북한 문제가 유럽에서 정파 간의 대립을 불러일으키는 쟁점이 전혀 되고 있지 않기 때문이다. 따라서 유럽에서 북핵문제가 정치화(politicization)될 이유가 전혀 없고 정치적 카드로서의 의미가 없다는 점에서 강경한 대북 제재가 일부 정치세력의 국내정치적 동기에서 비롯되고 있다고 보기도 어렵다. 나아가 경제제재는 제재 이행국이 희망하는 방향으로 제재 대상국을 민주화시키고 국제사회의 규범을 따르게 하는 방향으로 변화시키기보다는 오히려 제재대상국가의 정권으로 하여금 제재로 인한 곤경을 전략적 도구로 이용해 권위주의적 통치를 더욱 강화하는 결과를 낳음으로써 오히려 부정적 외부

---

2) EU는 인권 침해, 민주주의 후퇴, 법치의 훼손 등을 이유로 제재를 가하는 경우도 있지만 북한에 대한 제재는 전적으로 핵과 미사일 개발을 겨냥한 것이며 인권문제를 이유로 제재를 가하고 있지는 않다.

3) 냉전 종식 후 한동안 경제제재의 정치적 효과에 대한 긍정적 평가를 내리던 국제정치학적 연구에 반론을 제기하면서 경제제재의 효과성에 심각한 회의론을 제기하고 있는 대표적 연구로 Pape(1997) 참조.

효과를 초래하는 경향도 있다고 한다(Allen 2008; Persen 2009; Peksen and Drury 2010).

그렇다면 유럽은 왜 효과성이 검증되지도 않았고, 대내적으로 정치적 카드로서의 효용성도 크지 않으며, 오히려 유럽이 지향하는 규범적 가치의 실현과는 정반대의 결과를 낳을 수도 있는 강경한 제재정책을 지속적으로 강화하고 있는가?

II. 유럽연합(EU) 외교정책과 한반도: 분석틀

현재 EU는 북한에 대해 '비판적 관여'(critical engagement)의 입장을 견지하고 있다. 핵개발과 미사일 프로그램, 그리고 인권문제에 대해서는 비판을 가하되 인도주의적 지원은 계속 제공하고 있고 정치대화를 지속시킴으로써 대화채널은 계속 유지하겠다는 의지를 표명하고 있는 것이다. 이러한 기조 하에 EU는 대 북한 정책의 목표를 첫째, 한반도와 동북아의 긴장 완화, 둘째, 대량살상무기 비확산, 셋째, 북한 인권 상황 개선에 두고 있다(EEAS 2016).

EU의 대 한반도정책은 EU 외교안보정책 결정 과정에 영향을 미치는 세 가지 구조적 요인의 맥락 속에서 이해될 수 있다. 첫째, EU 외교안보정책 결정과정의 특수성, 둘째, EU의 외교정책적 정체성, 셋째, 국제정치적 역학 관계, 그 중에서도 EU와 미국과의 관계가 그것이다. 이는 각각 EU의 대내적 요인, 관념적 요인, 그리고 국제체제적 요인에 해당한다. 이 세 가지 요인은 국제정치의 자유주의 이론, 구성주의 이론, 그리고 현실주의 이

론에서 각각 강조하는 변수에 상응한다.[4]

첫째, 본 연구에서 EU의 의사결정제도를 주목하는 것은 EU를 하나의 외교적 행위자로 봤을 때 EU의 정책결정 메커니즘과 이에 따른 회원국 간 이해관계의 역동성과 같은 대내적 변수가 EU의 외교정책적 선택에 중요한 영향을 미친다고 본다는 점에서 자유주의 국제정치이론과 맥을 같이 한다.

둘째, EU의 외교정책적 정체성의 중요성을 강조하는 것은 EU의 외교정책적 행위가 국제체제 내의 다양한 행위자들과의 상호작용 속에서 획득하게 된 국제체제에 대한 인식, 자신의 위치와 역할에 대한 인식, 그리고 타자와의 차별성에 대한 인식과 같은 관념적 요인에 의해 크게 영향을 받는 것으로 간주한다는 점에서 구성주의적 사고와 맞닿아 있다.

셋째, 유일초강대국으로서의 위상을 유지하고 있는 미국과의 관계에 초점을 맞추는 것은 국제정치에 있어 힘의 분포가 가장 중요한 변수이며 특히 강대국 간의 힘의 관계가 각국의 외교정책 결정에 있어 필수적 요인임을 주장하는 현실주의적 전통을 수용하고 있음을 뜻한다.

그렇다면 이 세 가지 요인은 EU의 외교안보정책에 각각 어떤 영향을 미

---

4) 이와 같이 국제정치의 주요 이론적 관점을 모두 수용하는 것은 이 연구가 분석지향적이기보다는 서술지향적이라는 비판을 부를 수 있다. 세 이론을 모두 인정하는 것은 다른 말로 하자면 어느 이론도 인정을 하지 않는 것이나 마찬가지라는 논리가 성립되기 때문이다. 그러한 비판은 정당한 것으로 생각되지만 현 단계에서 세 이론을 종합하는 것은 각 이론이 가지고 있는 강점을 부각시킴으로써 EU의 대북정책이 보여주는 다면성을 정확하게 이해하는 것이 우선적인 과제라는 판단에서다. 아울러 지금까지 EU와 북한 간의 상호작용은 지극히 제한적이 수준에 머물러 왔기 때문에 어느 이론이 보다 더 양자 간의 관계를 정확하게 설명해 내는가를 규명하는 데 필요한 경험적 자료가 충분히 축적되지 않았다는 점도 고려하지 않을 수 없다.

치는가?

첫째, EU 외교안보정책결정의 제도적 메커니즘은 두 가지 연관된 의미에서 중요성을 지닌다. 그 하나는 의사결정과정이 초국가적이라기보다는 회원국의 주권과 자율성이 온전하게 작동하는 지극히 정부간주의적인 성격을 띤다는 것이고, 또 하나는 초국가적 행위자로서의 EU에게 부여된 대외정책적 권한이 매우 제한적이라는 점이다. 이에 따라 EU의 대외정책 결정과정은 매우 더디고 비효율적으로 진행되는 경향이 있으며, 나아가 EU 대외정책은 비일관적이고 심지어는 모순적인 모습을 보이기도 한다. 그 이유는 회원국들이 대외정책을 추진함에 있어 EU의 공동체적 이익보다 개별적인 국가이익을 우선적으로 추구함으로써 때로는 EU 집행위원회와 회원국 간에 상충된 입장이 개진되기도 하며 각 회원국들 간에도 이견이 노정되어 혼란이 발생하는 경우가 많기 때문이다.

둘째, EU의 외교정책적 정체성 또한 EU 외교안보정책에 큰 영향을 미친다. EU는 무엇보다도 규범세력(normative power)으로서의 정체성을 강조한다. 규범세력으로서의 EU는 보편적 가치의 구현을 외교정책의 중요한 목표의 일부로 상정한다. EU는 행동(기후변화방지를 위한 선제적 조치 이행), 언술(사형제 폐지의 당위론 확산), 그리고 존재 양식 그 자체(민주주의, 인권, 법치 실현)를 통해 규범적 목표의 실현을 지향하는 외교정책적 행위자로서의 역할을 수행한다. 이와 같은 규범세력으로서의 정체성은 비단 EU의 초국가적 수준에서의 외교적 행태에만 국한되는 것은 아니다. 회원국별로 편차는 있지만 적지 않은 EU 국가들이 규범적 원칙의 구현을 외교정책의 중요한 목표로 설정해 놓고 있거나 정책 수행의 중요한 가이드라인으로 삼고 있다. 스칸디나비아 국가들이 대표적인 예이며, 프랑스, 독일 등이 중국의 인권문제나 티벳 문제 등을 두고 중국 정부와 갈등을 빚었던 것 또한 이 때문이었다. 그럼에도 불구하고 전반적으로 회원국들의 외교정책은 EU 초국가적 기구에 비해서는 국내정치적 요인으로 인해 국가이익의 실현에 대한 고려가 보다 광범위하고 빈번하게 이루어질 수밖에 없는 현실 속에서 이루어진다. 지나친 단순화의 위험을 무릅쓰고 요약하자면 EU의 규범세력으로서의 지향성과 일부 회원국의 이익추구적 행태 사이에 항상 긴장이 존재하는 것이다. 그 결과 EU의 대외정책을 둘러싼 EU와 회원국 간, 그리고 나아가 회원국들 사이의 갈등의 상당 부분은 규범적 원칙 적용의 유연성을 둘러싼 이견과 충돌의 결과라고 할 수 있다.

셋째, 유럽과 미국과의 관계 또한 EU의 대 한반도정책, 나아가서는 대아시아정책에 영향을 미치는 중요한 요인이다. 유럽 각국은 제2차 세계대전 이후 식민지 관계를 청산하며 아시아를 떠난 이후 다른 지역(북미, 남미, 아프리카)에 비해 아시아에 대해서는 외교적 중요성을 거의 부여하지 않았다(Smith 2008). 제2차 세계대전 이후 초강대국으로 부상한 미국이 냉전 수행의 일환으로 아시아 국가들과의 관계를 적극적으로 강화하게 되면서 아시아에서의 유럽의 존재감과 역할 범위는 자연히 위축되었던 것이다. 그러나 1989년 베를린 장벽의 붕괴, 1990년 독일의 통일, 1991년 소련의 와해 등의 일련의 사건으로 냉전 구도가 해체됨으로써 미국 중심의 아시아 국제질서에 새로운 공간이 생기고, 마스트리히트 조약의 발효로 공동외교안보정책(CFSP: Common Foreign and Security Policy)이 출범해 EU의 국제정치적 행위자로서의 역할을 위한 제도적 기반이 마련됨으로써 유럽의 자신감과 국제사회의 기대가 높아지면서 EU는 아시아로 눈길을 돌리게 된다. 아시아에 대한 유럽의 관심은 아시아와의 관계 증진을 통해 냉전 후 유일 초강대국으로 부상한 미국 중심의 국제질서에 변화를 도모해 보려는 의도를 적어도 어느 정도는 내포했던 것으로 보인다. 유럽의 대 한반도정책도 이러한 맥락에서 이해될 수 있다. 그러나 중요한 글로벌 이슈에 있어 많은 경우 유럽은 기본적으로 미국과 이해관계를 같이 하는 경우가 많고 비록 경제적 규모에 있어서는 EU가 미국보다 크지만 군사력과 외교적 영향력의 면에서는 미국에 필적할 수 없는 위치인 것을 감안할 때 유럽이 미국에 맞서 패권적 지위를 다투려는 의도를 갖고 있다고 보기는 어렵다. 중요한 이해관계의 갈등이 있을 때, 그리고 규범적 관점에서 미국의 외교적 행태가 수용하기 어려운 모습을 보일 때 유럽은 미국과 대립각을 세울 수도 있지만 전반적으로는 유럽은 미국과 긴밀한 우호협력관계, 나아가서는 혈맹의 관계를 지속하는 가운데 외교적 운신을 어떻게 할 것인지를 선택하고 있는 것으로 보인다. 따라서 유럽이 아시아 국가들과의 관계를 발판으로 미국과의 경쟁관계에서 우위를 점하려는 의도를 갖고 있는지는 의문이다.[5] 이러한 맥락에서 파악했을 때 EU의 대 아시아 정책, 나아가 대 한반도정책은 아직은 막강한 국제정치적 영향력을 가진 미국과의 관계로부터 많은 영향을 받을 수밖에 없을 것이다.

이하에서는 우선 EU의 규범세력으로서의 외교정책적 정체성이 무엇을

---

[5] 오히려 일부 아시아 국가들이 미국을 견제하기 위한 카드로 유럽의 활용 가치를 저울질하는 경우가 있는 것으로 보인다. 중국의 유럽에 대한 호감이 바로 그 예라고 할 수 있다. 우리나라 또한 김대중 정권 시기에 북한에 대해 강경 일변도의 태도를 보이던 미국 대신 유럽이 한반도 정세 변화의 물꼬를 트는 데 있어 일정한 역할을 해 줄 수 있을 것으로 기대한 바 있었으며, 당시 북한도 유럽과의 관계 개선을 통해 교착상태의 한반도 정세에 돌파구를 마련해보려는 움직임을 보인 바 있다. 그러나 이는 미국의 의도와 유럽의 한계를 충분히 고려하지 못한 판단이었던 것으로 생각된다(최진우 2002; Godement 2008).

의미하는지를 소개하면서 EU 외교정책의 규범적 지향성이 대북정책에 있어 어떤 의미를 갖는지를 토론한다. 다음으로 EU와 북한의 관계가 어떻게 변화해 왔는지를 살펴보고, 마지막으로 북핵 문제에 대한 EU의 입장과 대응 조치의 배경을 분석한다. 결론에서는 연구 결과를 요약하고 그 의의를 살펴본다.

III. 규범세력(normative power)으로서의 유럽

21세기에 접어들면서 유럽은 과거의 위축된 모습과는 달리 국제정치 무대에서 발언권을 적극적으로 행사하는 모습을 보여주고 있다. 주지하다시피 EU는 교역 규모로서는 세계 최대이고, 인구 규모 또한 초강대국인 미국보다 크다. 경제와 인구 규모로만 본다면, 유럽은 단연 미국을 제친 세계 최강이라 할 수 있다. 하지만 유럽이 국제정치의 주요 행위자로 간주되고 있는 것은 반드시 이러한 점들 때문은 아니다.

유럽의 힘은 유럽이 추구하는 외교정책 목표, 그리고 목표 달성을 위한 외교정책 도구의 차별성에서 비롯된다. 무엇보다도 유럽은 전통적 관념에 입각한 외교정책을 수행하는 미국과의 차별성을 토대로 유럽 고유의 외교정책적 정체성을 획득해 가고 있다고 한다. 단적으로 말해 미국은 국가 이익 중심의 외교정책 목표를 설정하고 국익 실현에 장애가 되는 문제 해결의 방법으로 무력의 사용에 빈번하게 의존하고 있는 반면, 유럽은 보편성을 주장할 수 있는 규범적 가치의 구현을 외교정책의 주요 목표로 상정하면서 연성권력과 외교 협상, 그리고 다자주의적 국제기구의 통로를 활용

해 국제정치적 쟁점에 대한 해법을 모색하려는 모습을 보이고 있다는 점에서 양자는 서로 구별된다.[6]

　국제정치의 전통적 관점에서는 외교 활동을 뒷받침하는 가장 중요한 힘의 원천은 군사력이다. 따라서 전통적 관점에 따르면 유럽은 실질적인 군사력을 보유하고 있지 않다는 점에서 '정치적 난쟁이'에 불과하며, 이러한 상황은 앞으로도 크게 변화하지 않을 것으로 관측된다. 무엇보다도 유럽연합 회원국들이 안보와 국방과 같은 민감한 분야에서 EU 수준의 초국가적 기구로 자신들의 주권을 이양하는 것을 원하지 않기 때문이기도 하며, 탈냉전 이후 발생한 이른바 평화 지분(peace dividend)을 포기하지 않는 한 유럽이 군사력을 갖춘 존재가 되기는 힘들기 때문이다.

　그러나 규범적 설득력이 힘의 중요한 요소임을 인정하는 새로운 관점에서 보면 EU를 정치적 난쟁이에 불과한 것으로 치부하기는 어렵다. EU의 외교정책적 자산은 외교정책의 목표를 민주주의, 법의 지배, 인권 향상 등의 가치 구현에 두고 있다는 점, 그리고 이러한 가치를 실현시키는 방법으로 군사력보다는 문민적 방법을 주로 활용하고 있다는 점에서 찾아진다. 유럽의 국제정치적 영향력은 규범적 가치를 설정할 수 있는 능력과 권위를 가지고 있다는 점, 그리고 기존의 강대국 외교 행태와는 달리 규범적

---

6) 미국은 2009년 버락 오바마 대통령이 취임한 이후 과거 조지 W. 부시 대통령 재임 시의 일방주의적 강경외교노선과는 크게 다른 외교정책 스타일을 보이고 있다. 오바마 정부는 다자주의적 기구의 활용에 보다 적극적이며, 외교적 채널을 통해 문제 해결을 시도하는 모습이기도 하다. 하지만 설령 오바마 정부 하에서 군사적 수단보다는 외교적 수단의 비중이 과거보다 커지긴 했지만 기본적으로 전 세계 군사력의 약 50%에 달하는 막강한 군사력을 보유하고 있는 미국은 언제라도 다시 군사력의 압도적 우위를 활용하는 외교정책을 수행할 개연성이 있다는 점에서 미국과 유럽의 차이는 구조적인 것이라고 볼 수 있을 것이다.

가치의 구현을 위해 경제적 도구와 외교적 협력, 그리고 다자주의적 국제 기구를 활용한다는 점에서 비롯된다고 볼 수 있다(Manners 2002, 236-237). 이러한 관점에서 유럽은 '규범세력'(normative power)으로 불린다.[7]

요약하자면, 규범 세력이란 다음을 의미한다. 첫째, 보편적 타당성을 인정받는 가치의 수호와 확산이 외교정책의 목표로 상정되며, 둘째, 목표 달성을 위한 수단이 목표가 상정하고 있는 가치에 위배되지 않는 경우, 그 외교정책적 주체는 규범세력이라고 할 수 있다.

그렇다면 규범 세력은 전적으로 규범적 목표만 추구하는가? 그렇지는 않다. 규범세력도 물질적 이익을 추구하며, 합리성의 토대에서 손익을 계산하기도 한다. 그렇지만 규범 세력의 특징은, 설령 물질적 이익을 추구할 때에도 자신이 설정한 규범적 가치를 훼손하지 않으며, 또한 물질적 이익을 실현시키기 위해 취하는 조치들 또한 규범적 관점에 의해 규정되는 '적절한 행동 양식'을 벗어나지 않는다는 점이다.

외교정책의 정체성의 한 유형으로서의 규범 세력은 다른 종류의 세력과 어떻게 다른지를 좀 더 자세히 살펴보자.

한 국가의 외교정책 정체성은 외교정책의 목표와 수단의 성격에 따라 크게 네 가지의 이념형으로 구분할 수 있다. 일단 외교정책의 목표로 국가이익의 실현을 추구할 수도 있고, 또는 보편적 규범의 수호 및 확산을 추구할 수도 있다. 외교정책의 수단으로는 다양한 가능성이 있지만 크게 군사적 수단과 비군사적 수단을 나누어 볼 수 있다. 외교정책의 목표와 수단을 두 축으로 했을 때, 한 국가의 외교정책적 정체성은 [표 1]에서와 같이

---

7) EU의 외교정책적 정체성이 '규범세력'이기보다는 현실주의적 세력에 더 가깝다는 주장도 있다(Youngs 2004; Hyde-Price 2006; Brummer 2009).

크게 네 가지로 구분할 수 있다.

첫째, 외교정책의 목표가 국가이익의 실현에 집중되어 있고, 그 목표를 위해 군사적 수단을 사용할 용의가 있으며 실제 사용의 예가 발견되는 경우 패권적 외교정책으로 명명할 수 있을 것이다. 여기에서 패권적 외교정책이 반드시 패권국가에 의해 수행되는 외교정책일 필요는 없으며, 또한 패권이 반드시 전 지구적 수준에서의 패권일 필요 또한 없다. 패권을 가지지는 못했지만 무슨 이유에서건 패권을 지향하는 국가와 유사한 외교정책 행태를 보이거나 제한된 지역적 범위 내에서 이웃 국가들을 상대로 힘의 우위를 바탕으로 한 외교적 행태를 보이는 국가는 이 범주에 포함시킬 수 있을 것이다.

둘째, 외교정책의 목표가 보편적으로 수용될 수 있는 규범적 가치의 실현 또는 확산에 두어지는 경우가 많고, 그러한 목표의 실현을 위해서는 군사력를 비롯한 경성권력 수단의 동원도 불사한다는 입장을 보인다면 이를 윤리적 외교정책(ethical foreign policy)으로 칭할 수 있을 것이다. 여기에서 사용하는 윤리적 외교정책이라는 명칭은 실제 영국정부가 토니 블레어 수상 재임 기간 동안 지향했던 외교정책의 명칭을 따 온 것이다. 블레어 수상은 1999년 '블레어 독트린'으로 널리 알려진 외교정책 가이드라인을 발표하여 인종청소 등의 반인도적 범죄 행위가 자행될 시에는 국가 주권의 원칙을 유보하더라도 국제사회가 군사적으로 개입해야 한다는 주장을 개진한다. 이에 따라 영국은 1998년 이라크가 비행금지구역을 침범하였음을 이유로 이라크 공습에 참여한 것을 필두로 하여, 시에라리온 내전, 코소보 사태, 아프가니스탄 전쟁, 그리고 이라크 전쟁 등 총 다섯 차례에 걸쳐 전쟁에 참여함으로써, 블레어 수상의 독트린을 실행에 옮긴 바 있다.[8]

따라서 블레어 수상의 외교정책의 특징은 군사적 개입을 통해서라도 인도주의를 수호하겠다는 윤리적 사명감을 명분으로 하고 있다는 점에서 '윤리적 외교정책'으로 불리고 있다.[9]

셋째, 현실적인 국가이익의 실현에 외교정책 목표의 우선순위가 두어지고, 목표의 달성을 위해서는 비군사적 수단이 주로 활용되는 경우, 이는 문민세력이라고 할 수 있다. 이 범주에는 의지의 관철을 위해 동원할 수 있는 군사력 등의 경성권력 자원이 제한되어 있는 국가들의 일반적인 외교정책이 여기에 포함된다. 많은 국가들의 대부분의 외교정책이 여기에 해당될 것이다.

넷째, 규범적 가치의 구현이 외교정책의 주요 목표로 상정되는 한편, 목표 실현을 위해 국제법과 보편적 규범에 부합하는 연성권력 중심의 비군

<hr />

8) 영국이 1997년 블레어 수상 취임 이후 2003년 이라크 전쟁 발발까지에 이르는 만 6년의 기간 동안 전쟁에 참여한 횟수는 제2차 세계대전 이후 영국이 참전한 전쟁을 모두 합친 것과 맞먹는다고 한다. 영국이 전쟁 당사국으로 직접 전투에 참여한 것 외에 평화유지군 임무 수행 등을 위해 타국의 전쟁(other people's war)에 파병한 것을 더하면 목록은 더 길어진다. 영국은 1999년 동티모르, 2003년 콩고민주공화국에 평화유지군을 파병한 바 있다(Williams 2005, 164).

9) 윤리적 외교정책이라는 용어를 사용하고 있는 연구의 예로는 Smith and Light (2001) 등이 있다. 한편 윤리적 외교정책에 대한 통렬한 비판적 시각이 있음도 눈여겨볼 만하다. 특히 블레어를 비롯한 서방 국가들의 윤리적 외교정책은 사실 인도주의적 동기에서 비롯된 것이라기보다는 탈냉전 이후 이데올로기적 논쟁의 불필요성으로 인해 국내정치 수준에서는 일관성 있게 가치 및 신념체계에 근거한 정당성을 주장할 수 있는 영역이 없어졌기 때문에, 정치체제의 정당성 구현의 한 방편으로 대외정책을 윤리적 기반 위에서 구축하였다는 것이다. 윤리적 외교정책은 정책의 실패에 따른 책임 부담은 별로 없으면서, 국가의 도덕적 권위를 획득할 수 있는 정치적으로 안전한 게임이라는 점에서 그 매력이 있기 때문에 탈냉전 이후 지난 10년여 동안 많은 정치지도자들이 애용하고 있다고 한다(Chandler 2003).

사적 수단을 주로 채용하는 경우, 이는 규범 세력이라 할 수 있다. EU가 일정 부분 이미 체화하고 있으며 지속적으로 지향하고 있다고 평가되는 외교정책 정체성의 모델이 바로 여기에 해당한다.

[표 1] 외교정책 정체성의 분류

		외교정책 목표	
		국가이익	보편적 규범
외교정책 수단	비군사력 중심	문민 세력	규범 세력
	군사력 중심	패권적 세력	"윤리적" 세력

미국의 경우, 외교정책의 역사를 되돌아 보건대 강한 규범적 지향성을 함축한 외교정책을 수행한 적이 많았다. 윌슨 대통령의 이상주의가 그 예다(Sjursen 2006a, 171). 윌슨 대통령은 국제연맹의 창설을 주창하고 세력균형을 지향하는 비밀외교를 비판하면서 국제정치무대에서 이상주의적 가치의 실현을 위해 노력했다. 그러나 미국외교정책의 역사에 면면히 흐르고 있는 이러한 전통에도 불구하고 미국은 '규범세력'이라는 평가를 받고 있지 못하다.[10] 그 이유는 미국이 빈번하게 군사적 수단을 사용하는데다 종종 자신의 이기적 이익을 가장하는 방편으로 규범적 논리를 전개한다는 인식이 퍼져 있기 때문일 것이다(Sjursen 2006b, 240). 예를 들자면 9.11 테러 사건 이후 미국의 대 테러전쟁의 일환으로 이라크 전쟁을 시작

---

10) 미국외교정책의 주요 전통 중의 하나로 윌슨주의(Wilsonianism)을 들고 있는 연구로는 Mead(2001) 참조. Mead는 미국외교정책의 주요 전통을 네 가지로 꼽고 있는데 나머지는 제퍼슨的(Jeffersonian) 전통, 잭슨的(Jacksonian) 전통, 해밀튼的(Hamiltonian) 전통이다.

했을 때, 미국은 전쟁의 명분을 사담 후세인의 사악한 정권과의 투쟁, 그리고 대량살상무기의 확산 방지로 표방했다. 그러나 이라크 전쟁을 수행하는 미국을 일컬어 그 누구도 규범 세력으로 일컫지 않았다. 사실 조지 W. 부시 대통령과 그 측근의 신보수주의 그룹의 외교정책은 지나치리만치 윤리적 색채가 강하다는 점 때문에 많은 우려와 불만을 자아내곤 했다. 그럼에도 불구하고 부시 행정부 당시의 미국을 일컬어 '규범 수호 세력'이라고 하지 않는 것은 미국의 실제 의도가 규범적 가치의 구현보다는 물질적 이익의 실현이었으리라는 의구심이 있었기 때문이다. 미국이 사용한 외교정책 수단 또한 문제였다. 미국의 외교적 행태, 즉 불확실한 근거에 기초해 대규모의 군사력 사용을 일방주의적으로 결정해버린 것은 이라크 문제의 해결을 위해 적절한 방법이 아니었다는 인식이 널리 공유됐던 것이다.

한편 유럽의 규범적 외교정책은 특히 미국과는 대조적이다. 특히 조지 W. 부시 대통령 재임 기간 동안 추구됐던 미국의 외교정책 노선은 한편으로는 선악의 명확한 구분에 기반을 둔 도덕주의와 힘의 행사를 통한 목표의 달성을 추구하는 현실주의의 결합이었다. 더불어 미국은 다자간 국제기구에서의 합의에서 정당성을 확보한 뒤 행동하기보다는 미국의 압도적인 국력을 바탕으로 독자 노선을 걸었다는 점에서 유럽과 대비를 이룬다. 이러한 미국과는 달리 '규범적 유럽'은 가치의 구현에 비중을 크게 두는 외교정책적 목표를 상정하고 있는 한편 힘보다는 대화, 단독 행동보다는 다자기구에서의 합의를 통한 행동을 추구한다는 점에서 독특한 외교정책적 정체성을 가지고 있다는 것이다. 그렇다고 해서 유럽의 모든 외교활동이 규범성 실현에만 초점을 맞추고 있는 것은 아니며, 항상 연성권력적 수단에만 의존하고 있는 것은 아니다. 유럽도 실리를 추구하지 않을 수 없고, 외교정책적 목표의 달성을 위해 경제제재와 군사력 동원의 길을 열어놓고 있기도 하다. 물론 EU의 경우 동원 가능한 군사력의 규모가 작고 의사결정도 용이하지 않아 외교정책 수단으로 빈번히 활용되기는 어렵지만 EU 개별 회원국 차원에서의 군사행동은 가능할뿐더러 리비아 공격의 사례에서와 같이 실제 이루어지는 경우도 드물게 있음을 볼 수 있다. 그렇지만 대체적으로 보아 EU는 군사력 사용의 빈도가 매우 낮으며, 경성권력수단 중에서는 오히려 경제제재의 적용에 훨씬 적극적인 모습을 보이고 있다. 최근의 예만 하더라도 이란 핵문제와 우크라이나 사태에서 문제 해결의 방편으로 경제제재에 적극 동참한 것을 들 수 있다.

제한적인 군사적 능력, 경제제재와 같은 문민적 외교 수단의 적극적 행사, 다자기구의 중심의 외교적 실천 전략, 규범적 목표의 강조 등의 면모를 보이고 있는 EU는 규범외교와 문민외교를 결합시키는 가운데 대상에 따라 외교의 분야별로 다양한 정책도구를 활용하고 있는 모습입니다. EU의 대북정책만 하더라도 이와 같은 모습을 보이고 있다. 앞서 밝힌 바와 같이 유럽의 대 한반도 정책은 긴장 완화, 비확산, 인권 옹호와 같은 규범적 목표를 우선시 하고 있다. 유럽은 북핵문제 해결과 인권 상황 개선의 방법으로 국제기구에서의 문제 제기, UN 안보리의 의결에 따른 제재조치 동참 및 추가 제재 조치 이행 등의 수단을 활용함으로써 대북정책의 목표나 수단 모두에 있어 규범세력으로서의 면모를 여실히 보여주고 있다.

IV. 유럽과 북한

북한은 지구상에서 유럽과 가장 관계가 적은 나라 중 하나일 것이다. 지리적으로 유럽과 북한은 각각 유라시아 대륙의 양쪽 끝에 위치하고 있고, 역사적으로 별다른 협력이나 갈등의 경험이 없었으며, 현시점에서도 양자 간의 정치경제적 교류관계는 미미한 수준에 머물고 있다.

사실 유럽은 최근에 이르기까지 지구상의 다른 국가 또는 지역과는 달리 한반도에 위치한 남한이나 북한과는 그다지 긴밀한 관계를 맺고 있지 않았다. 유럽은 아프리카 국가들이나 아시아의 다수 국가들과는 식민통치의 경험으로 연결되어 있고, 남아메리카 국가들은 지금도 스페인어와 포르투갈어를 쓸 정도로 유럽의 문화적, 종교적, 인종적 영향이 컸으며, 북미대륙과 오세아니아의 주요국가들 또한 언어적, 문화적으로 유럽의 분신이라 할 수 있을 정도로 유럽과는 밀접한 관련을 가지고 있다. 동북아시아에서도 일본은 오래 전부터 네덜란드와의 교류를 통해 유럽에의 창구를 열어놓고 있었으며, 중국 또한 아편전쟁 이후 유럽세력의 침탈로 인해 비록 유럽에 대한 그다지 유쾌하지만은 않은 기억을 갖고 있지만 유럽과의 접촉이 꾸준히 이루어져 왔다.

유독 한반도는 하멜의 표류, 천주교의 전파, 병인양요 등을 제외하면 19세기의 개항 이전에는 유럽과의 교류가 거의 전무하다시피 했으며, 개항 후 독일을 위시한 일부 유럽 국가들이 조선과 수교를 맺었으나 1905년 대한제국이 국권을 상실함으로써 해방이 될 때까지 한국과 유럽은 직접적인 교류가 하지 못하고 있었다. 해방 이후 한국전쟁에 UN군의 일원으로 일부 유럽 국가들이 군대를 파견해서 북한과 싸우기도 했지만 전쟁이 끝난 후에는 북한과는 동유럽 국가들만이 공산권의 일원으로 서로 교류를 했을 뿐 서유럽국가들은 북한과 특기할 만한 관계의 발전이 이루어지지 않았다. 유럽과 남한의 관계도 마찬가지여서 남한은 식민통치와 전쟁의 아픔을 연이어 겪은 지구상의 최빈국으로서 유럽 선진산업국가들의 원조의 대상이 됐을 뿐 정치적 또는 경제적 관계가 그다지 심화되진 못하고 있었다. 유럽에게 있어 한반도는 물리적 거리에 더해 서로 간에 교차되는 이해관계가 별로 없어 심리적으로도 매우 먼 상대일 수밖에 없었다. 그러나 남한은 지난 40여 년간 정치적 민주화와 경제의 비약적 발전을 동시에 이루어내면서 유럽의 주요 교역 파트너로 부상하게 되고 한국과 유럽연합은 기본협력협정의 체결 등을 통해 정치적 협력관계도 제도화시키는 등 상호관계가 날로 심화되어가고 있는 상황이다. 그러나 북한은 특유의 폐쇄성과 경제적 후진성으로 말미암아 유럽과의 접촉이 지극히 제한적인 수준에 머물러 있으면서 주로 유럽의 인도주의적 지원의 대상이 되고 있었을 뿐 유럽에게 있어 별다른 의미를 지니지 못하는 머나먼 나라의 하나일 뿐이었다고 할 수 있다.

북한과 유럽의 조우는 1990년대 중반 이후 이루어지게 된다. 북한은 탈냉전과 함께 1990년대 심각한 경제난에 봉착하게 되고 1995년과 1996년에는 홍수로, 그리고 1997년의 가뭄으로 인해 식량사정이 급격히 악화되면서 주민들이 기근에 시달리게 된다. 북한은 기근 해결과 피해복구를 위해 국제사회의 지원을 요청하게 되고 이에 대한 화답으로 유럽연합은 북한에게 식량원조와 인도적 지원을 제공하게 된다.

아울러 1995년에는 1993년에 발생한 제 1차 북핵 위기의 해결을 위해

체결된 미국과 북한 간의 제네바 협약에 따라 한반도에너지개발기구
(KEDO: Korean Energy Development Organization)가 설립되자 EU는 그해
12월 KEDO에 참여할 것을 결정하고 1996년부터 KEDO에 대한 재정지원
을 시작하게 된다.

이와 같이 우호적 관계로 시작된 유럽과 북한의 만남은 한국정부의 햇
별정책과 맞물리면서 본격적인 관계 증진의 단계로 접어들게 된다. 1998
년 출범한 한국의 김대중 정부는 북한에 대한 본격적인 화해 포용 정책을
추구하여 남북 간의 관계 개선을 도모하고, 북한의 국제사회 진입을 적극
지원하는 새로운 대북 관계의 틀을 정립시키고자 시도한다. 이러한 한국
의 햇별정책에 조응해 1998년부터는 EU와 북한 사이에 '정치대화'가 시
작되고 2001년에는 KEDO에 대한 EU의 지원이 확대·연장됐으며, 2000
년부터는 이탈리아를 필두로 하는 대부분의 EU 국가들이 북한과 수교를
하게 되고, 마침내 2001년 EU는 북한과 공식외교관계를 수립하게 된다.
2016년 4월을 기준으로 했을 때 북한은 EU 28개 회원국 중 프랑스와 에스
토니아를 제외한 26개국과 수교를 완료한 상태다. 이 중 이미 1970년대 초
반에 북한과 수교를 맺은 덴마크, 핀란드, 스페인, 포르투갈, 그리고 원래
북한과 외교관계를 수립해 놓고 있던 동구권 국가들을 제외한 대부분의
국가들이 2000년도에 들어서 북한과 수교를 하고 있다는 점에서 1990년
대 말과 2000년대 초는 북한과 유럽 간의 관계가 급속도로 가까워진 시기
라고 볼 수 있다.[11] 당시 EU의 북한에 대한 경제지원과 인도적 지원 또한
지속적으로 확대되고 강화됐으며, 북한에 대한 유럽시상 개방과 북한 경

---

11) 이 중 평양에 공관을 둔 국가는 총 7개국(체크, 벨기에, 독일, 폴란드, 루마니아, 스웨
덴, 영국)이다.

제의 구조적 발전을 위해 기술지원을 제공하는 방안이 강구되기도 했다. 2001년 5월에는 스웨덴의 페르손 총리가 유럽연합 의장국 대표의 자격으로 유럽연합의 '트로이카'를 이끌고 서방 국가의 정상으로는 처음으로 북한을 방문했으며, 이러한 일련의 관계개선의 연장선 속에서 유럽연합은 북한에 대한 지원의 목적과 전략을 포괄적으로 담은 대 북한 국가전략보고서(DPRK Country Strategy Report)를 마련하게 된다.

이와 같이 EU와 북한의 관계가 급속히 개선되면서 앞으로는 유럽이 한반도에서 미국의 역할을 대체하게 될지도 모른다는 전망까지 등장하기도 했다. 하지만 돌이켜보건대 그러한 전망이 현실화될 수 있는 가능성은 거의 없었다고 보는 것이 타당할 것이다. 실제 당시에는 미국과 유럽이 강경한 매파의 역할과 온건한 비둘기파의 역할을 우연히 나누어 수행하던 시기였다고 할 수 있다. 다만 북한문제에 있어 유럽연합의 역할이 상당히 커질지도 모른다는 '기대' 또는 '우려'가 팽배할 정도로 양자관계의 변화 속도 및 변화의 폭이 컸다는 점은 주목할 만하다.

1990년대 말부터 2000년 초까지 유럽과 북한 간의 관계가 이처럼 급속도로 개선된 것은 유럽은 북한에게, 북한은 유럽에게 하나의 기회가 될 수 있었기 때문이었던 것으로 보인다. 북한의 경우 1990년대 초 냉전이 종식되면서 외교적 고립과 경제적 파국을 동시에 겪어야 했다. 과거 우방 국가들이었던 구 공산권 국가들의 경제적 상황이 악화되고 이들 국가들과 한국, 미국 등의 서방진영 국가들과의 관계가 정상화된 결과 북한과의 관계가 소원하게 된 것이다. 게다가 1990년대 북한은 가뭄과 홍수를 번갈아 겪으면서 상당수의 국민이 기아선상에 놓이게 될 정도로 경제적 여건이 악화되는 가운데 정권의 자구책으로 추구한 핵개발에 대한 국제사회의 반발로 북한은 그야말로 고립무원의 상태에 처하게 됐던 것이다. 그러던 차에 제 1차 핵 위기가 미국과의 제네바 합의를 통해 해소되면서 북한은 국제사회에 다시 진입할 수 있는 기회를 갖게 되고 이와 때맞춰 한국은 북한에 대해 화해와 포용을 지향하는 햇볕정책을 수행함으로써 북한은 외교적 외연을 넓힐 수 있는 상황을 맞이하게 된 것이다. 이러한 시점에서 선진산업국인 동시에 미국에 비해 현저히 덜 패권적이면서 한결 유연한 외교적 입장을 갖고 있던 유럽은 정치적으로나 경제적으로나 북한에게 많은 도움이 될 수 있는 파트너로 인식되었다. 결국 유럽은 북한에게 있어 국제사회에 진입하기 위한 교두보, 기근과 경제적 난국을 벗어나는데 도움이 될 수 있는 경제적 지원의 주체, 그리고 미국의 대안으로서의 의미를 가졌던 것이다.

한편 북한 또한 유럽에게 있어서 국제정치적 위상을 강화할 수 있는 좋은 기회가 될 수 있었다. 특히 유럽연합은 1990년대 들면서 그간의 경제통합의 성과와 회원국의 확대 등에 힘입어 미국과는 구별되는 새로운 형태의 국제정치세력으로 부상한다. 전술한 바와 같은 '규범세력'(normative power)으로서의 외교정책적 정체성을 구축한 유럽은 막강한 군사력을 기반으로 하는 미국의 일방주의적 외교 행태와는 다른 연성권력 위주의 외교적 행보를 걷게 된 것이다. 이러한 유럽에게 있어 북한과의 관계 개선은 그 동안 유럽이 상대적으로 소외되어 있던 동아시아에서의 발언권을 강화시켜줄 수 있는 계기를 줄 뿐만 아니라 인권, 핵 확산 금지 등 보편적 가치와 규범을 추구하는 유럽의 외교정책적 정체성을 확인시켜 주는 기회가 될 수 있었다. 나아가 북한은 EU가 1990년대 들어 야심차게 도입한 공동외교안보정책(CFSP: Common Foreign and Security Policy)이 제대로 작동하고 있음을 보여줄 수 있는 좋은 증거가 되기도 했다. 왜냐하면 북한 문제에 관해서는 회원국들 간에 별다른 이해관계의 대립이 없었고 갈등의 소지가 적어 공동외교안보정책의 문제점으로 지적되어 오고 있는 의사결정의 어려움이 크게 문제될 것이 없었기 때문이다. EU의 대북정책은 초국가적 수준에서의 외교정책의 수립과 집행이 가능함을 보여줌으로써 CFSP가 실질적인 가시적 성과를 낼 수 있는 정책임을 보여주는 예가 됐던 것이다.

그러나 2002년 2차 북핵 위기가 발생하면서 북한과 유럽의 관계는 급속도로 냉각된다. 2002년 10월 북한이 고농축우라늄을 이용해 핵무기를 개발하고 있다는 사실이 알려지면서 유럽연합의 대 북한 정책은 급선회를하게 된 것이다. 무엇보다도 유럽연합은 강도 높은 비난 성명을 발표함은 물론이요 북한에 대한 각종 지원 프로그램을 철회하게 된다. 경수로 개발을 위한 KEDO 사업에 대한 지원을 중단하고, 경제발전의 기반 마련을 위한 기술지원 계획을 취소했으며, 국가전략보고서에 담긴 장기적 경제 회생을 위한 경제개발프로그램을 백지화하고, 나아가 북한의 인권문제에 대한 압박을 강화하게 된다. 북한이 가장 민감하게 여기는 정치적 쟁점인 인권문제에 대해 유럽이 적극적으로 비난을 하고 나선 것이다. 2003년 유엔인권이사회와 유엔총회에서 북한 인권 관련 결의안을 유럽연합이 주도한것이 바로 그 예다.[12)]

그 이후 북한과 유럽 양자 관계는 소강 국면에 진입하였으며, 북핵 문제의 해결이 요원해짐에 따라 양자 관계의 정상화 또한 불투명한 상태다. 오

---

12) 이에 대한 북한의 반발로 2001년부터 시작된 양자 간 인권대화가 2003년 중단된 후 다시는 개최되지 못하고 있다.

히려 북한의 핵문제는 악화 일로를 걷고 있고, 이에 따라 유럽과 북한 간의 관계 정상화를 위한 돌파구는 보이지 않고 있다. 특히 최근 들어 양자 간의 경제관계도 급속도로 위축되는 경향을 보이고 있다. 아래 표에서 나타나고 있듯이 EU와 북한 간의 교역이 2004년에서 2014년 사이의 기간 동안 약 10분의 1로 줄어든 것이 그 예다. 특히 EU의 대북 수출이 대폭 감소됐고 2014년에는 EU의 북한으로부터의 수입도 급감해 2013년에는 EU가 북한으로부터의 수입액이 1억 1,700만 유로였으나 2014년에는 1,700만 유로에 불과한 것으로 나타나고 있다.

[표 2] 북-EU 교역 추이(단위: 백만 유로)

연도	2004	2005	2006	2007	2008	2009	2010	2011	2012	2013	2014
금액	351	219	280	121	207	124	167	159	71	148	34

이와 같이 EU와 북한 간의 관계가 크게 냉각되었고 북한의 핵실험과 미사일 발사가 거듭되면서 양자 관계는 더욱 경색 일로를 걷고 있다. EU는 핵실험과 미사일 발사에 대한 UN 안보리 제재안을 충실히 이행할뿐더러 이에 더해 추가적인 독자 제재안도 마련해 실행에 옮기고 있다. 2016년 1월 4차 핵실험 및 2월 미사일 발사 후에도 마찬가지다. 북한의 도발이 있을 때마다 EU 외교안보고위대표 또는 대외관계청 대변인 명의의 비난 성명을 발표했으며 3월 2일 유엔 안보리 제재 결의안 통과 후 이에 적극 동참하는 한편 추가로 독자 제재 방안을 마련해 실행하고 있다.

하지만 유럽은 북한과의 대화채널을 완전히 단절시키고 있지는 않다. 위에서 언급한 바와 같이 EU 회원국 중 7개국이 평양에 상주대사관을 두고 있으며, 비록 제한적이긴 하나 유럽의 NGO가 북한에서 활동을 계속하고 있고(Taylor et al. 2011), EU 차원에서도 1998년도에 시작된 북한과의 정치대화를 지금까지 지속하고 있다. 가장 최근에 개최된 정치대화는 2015년 6월 평양에서 개최된 14차 정치대화로 주된 안건으로는 비확산 (핵, WMD, 미사일), 동북아 안정 및 안보, 인권, 북한의 사회경제적 상황, 북－EU관계 현황 등이 포함된 것으로 알려졌다(EEAS 2016). 아울러 EU는 북한에 대해 인도적 지원은 식량 지원은 계속하고 있다. 1995년부터 시작된 EU의 지원은 현재까지 약 3억 6천 6백만 유로에 달한다. 특히 2011년 식량 위기 시에는 1천만 유로를 긴급 지원했으며, 현재 식량, 의료, 수자원, 위생, 농업 관련 프로젝트를 수행하고 있다. 다만 평양에 주재하고 있던 EC 인도주의적지원청(ECHO) 사무소는 2006년부터 활동을 중단한 상태다. 이와 같이 양자 관계가 제한적으로나마 유지되고 있다는 점에서 향후 상황이 허락할 때 양자 관계가 빠르게 복원될 수 있는 불씨는 계속 유지되고 있다고 볼 수 있을 것이다.

V. 북한의 핵과 유럽, 그리고 미국

유럽은 왜 북한의 핵개발에 대해 그토록 민감한 반응을 보이는가? 유럽은 북한의 핵개발로 직접적인 안보위협이 커지는 지역이 아니다. 그럼에도 불구하고 유럽은 그 어느 국가들보다 강하게 북한의 핵개발을 비난하고 있고 단호한 대응 조치를 취하고 있다. 북한의 핵은 유럽에게 어떠한 의미를 갖는가?

무엇보다도 북한의 핵 개발은 핵확산 금지를 지향하는 유럽연합의 평화주의적 가치와 정면으로 배치된다. 전술한 바와 같이 유럽은 스스로를 규범세력으로 규정하고 있다. 이는 곧 지구상의 모든 국가들에 보편적으로 적용될 수 있는 가치의 구현이 외교정책의 주요 목표로 상정된다는 것을 의미하는데, 그 중 하나가 바로 핵확산의 금지인 것이다. 말하자면 북한의 핵 개발은 유럽이 추구하는 핵심 가치와 충돌하기 때문에 유럽이 강경한 입장을 보이는 것이라 할 수 있다.

　나아가 북한이 핵 개발을 하더라도 유럽이 공격 대상이 될 가능성은 거의 전무하다고 보이지만, 그럼에도 불구하고 북한의 핵은 유럽에게 어느 정도 안보 위협이 될 가능성이 충분히 있다. 첫째, 북한의 핵 보유가 기정사실화되면 핵확산 방지를 위한 국제레짐이 동요할 수 있다. 일단 북한이 핵 개발에 성공해 핵 보유가 기정사실화될 때까지 국제사회가 아무런 제재도 하지 못한다면 북한의 핵 개발에 고무된 중동 지역에 있는 국가들이 핵 개발 경쟁에 뛰어들더라도 이를 제지할 명분이 약할 수 밖에 없다. 그 결과 중동의 연쇄적 핵보유 시나리오가 현실화될 가능성이 높아진다면 이는 곧 중동지역을 턱 밑에 두고 있는 유럽의 입장에서는 악몽과 같은 상황이 아닐 수 없다.

　둘째, 설령 중동의 국가들이 경쟁적으로 핵 개발에 나서지 않더라도, 북한의 핵기술과 핵물질이 테러지원국가 또는 테러단체에 유입됨으로써 유럽 안보에 위협이 될 가능성이 있다. 실제로 2007년 이스라엘 공군이 북한이 연루된 것으로 추정되는 시리아의 핵시설을 파괴한 것에서 볼 수 있듯이 시리아에 핵기술과 핵물질을 유출했다는 유력한 증거가 존재하며,[13] 아울러 과거 리비아에서도 북한으로부터 유입된 핵물질이 발견됐다는 논란이 있기도 했다(Kessler 2005; Squassoni 2005, 6). 만일 북한의 핵 기술과 핵 물질이 테러단체 또는 이를 지원하는 국가의 수중으로 흘러들어갈 경우 이는 유럽의 안보에 직접적인 위해가 될 것이기 때문에 유럽은 북한의 핵 개발을 좌시하고 있을 수만은 없으며, 따라서 유럽은 핵보유국으로서의 북한을 인정하기가 어려운 것이다. 결국 유럽은 한반도의 비핵화를 강력히 촉구하고 있으며, 북한과 유럽의 관계 개선을 위해서는 북한의 핵 포기가 전제조건임을 천명하고 있는 것이다.

이와 같이 EU의 북핵문제에 있어서의 강경책은 규범적 고려와 안보적 판단이 결합된 결과인 것으로 보인다. 그렇다면 EU는 북핵문제 해결을 위해 어떤 정책수단을 주로 사용하고 있는가? 크게 두 가지다. 하나는 담론적 수준에서의 비판이요, 둘째는 강력한 경제제재를 통해서다. 이러한 EU의 북핵문제 대응의 제도적 기반은 2003년 12월 유럽이사회(European Council)에서 채택된 '대량살상무기 확산 대응 전략'(Strategy against the Proliferation of Weapons of Mass Destruction: 이하 WMD 전략)이다. 이 전략은 21세기 EU의 외교안보전략의 원칙과 방향성을 제시하고 있는 '유럽안보전략'(European Security Strategy: 이하 ESS)과 함께 채택됐다.

이러한 제도적 기반을 바탕으로 EU는 북한의 핵실험이 있을 때마다 신속하고 강경한 어조로 이를 비난하면서 재발 방지를 촉구해오고 있고, 유엔안보리 제재안을 준수할뿐더러 한 걸음 더 나아가 독자제재안까지 마련해 북한을 압박하고 있다. 북핵문제에 대한 EU의 이러한 대응은 앞에서

---

13) 2007년 9월 6일 이스라엘군은 시리아 알키바르(Al−Kibar) 핵 의혹 시설을 폭격해 완전히 파괴한 적이 있으며, 이 시설의 건설에 북한 핵기술자가 참여하고 있다는 유력한 증거가 있다고 한다(Follath and Stark 2009).

소개한 EU의 외교정책적 정체성에 대한 논의를 포함한 EU 외교정책의 주요 결정 요인을 고려할 때 보다 정확하게 이해될 수 있다.

첫째, EU 외교정책 결정 과정의 특성이다. CFSP의 틀 속에서 진행되는 EU의 외교안보정책 의사결정은 기본적으로 만장일치다. 따라서 회원국 간의 이해관계가 맞지 않을 경우 의사결정 자체가 쉽지 않다. 그 결과 외교정책 행위자로서의 EU의 역할은 제한적이고 소극적일 경우가 많다. 그러나 북핵문제의 대응에 있어서는 그렇지 않다. 이에 대해서는 두 가지의 설명이 가능할 것으로 보인다. 첫째, 쟁점의 차원에서 보면 북핵문제는 한편 규범의 문제다. 즉 비확산의 문제인 것이다. 따라서 '규범적 유럽'이 작동돼야 할 쟁점 영역이다. 둘째, 대상의 차원에서 보면 북한은 EU의 입장에서나 개별 회원국 입장에서나 별다른 이해관계가 얽혀져 있지 않다. 따라서 제재와 같은 정책 수단의 사용이 수반하는 부작용이 없다는 것이다. 말하자면 EU는 북한과의 관계의 소원성으로 인해 부담 없이 규범적 비난과 제재 조치의 이행을 실행할 수 있는 것이다.

둘째, EU의 외교정책적 정체성이다. 앞서 길게 논의한 바와 같이 EU는 규범세력으로만 규정하기에는 다양한 외교정책적 목표를 추구하고 있고 다양한 외교정책 수단의 사용 가능성을 열어 놓고 있다. EU의 북핵문제에 대한 대응은 목표 차원에서는 규범적 목표와 실리적 목표가 결합돼 있고, 수단 차원에서는 규범적 세력으로서의 면모보다는 문민세력의 모습을 더 강하게 띠고 있다.

셋째, 미국과의 관계다. 유럽은 대북정책에 있어 1990년대 후반부터 2000년대 초반까지 미국과는 매우 다른 모습을 보여 왔다. 미국의 강경일변도 정책에 비해 유럽은 훨씬 유연하고 유화적인 모습을 보였던 것이다.

그러나 2차 북핵위기 이후 유럽의 대북한정책은 빠른 속도로 미국의 정책에 수렴해 간다. 특히 핵문제에 있어서는 유럽의 정책은 미국에 철저하게 동조화돼 가는 모습을 보인다. 인도, 파키스탄 핵실험에 대한 소극적 반응에서도 그랬고, 이란핵문제 해결에 있어서의 협력관계 구축 과정도 그러했다(Portela 2015). 북핵문제에 있어서도 유럽은 미국과의 차별성보다는 동질성을 더욱 많이 보이고 있다.

유럽의 외교정책적 정체성이 미국과의 차별성에 근간을 두고 있다고 한다면 북핵문제에 있어서 유럽과 미국의 입장의 동조화는 뜻밖이라고 할 수 있다. 왜 유럽과 미국이 북핵문제에 대해서는 입장이 수렴하는가? 그리고 그 시점이 왜 2000년대 초반인가? 그리고 유럽은 북한의 우호적인 제스처에 대해 왜 강경하게 반응하는가?

결론부터 말하자면 EU는 2002년 2차 북핵 위기 발생 이후 대북 강경정책으로 선회하면서 이를 대 테러전쟁으로 인해 악화된 미국과의 관계를 개선하는데 활용했을 가능성이 있다.[14]

전술한 바와 같이 북한은 유럽에 대한 호감과 기대를 가지고 있었다. 이는 미국의 대북 강경책에 대한 반발인 동시에, 미국과의 관계 개선이 어려울 경우에 택해야 할 활로의 모색을 유럽에서 찾을 수 있으리라고 판단한데에 근거를 두고 있는 것으로 풀이된다. 그럼에도 불구하고 유럽은 왜 북한의 핵 의혹에 대해 강경하게, 그것도 누구보다 발 빠르게 대응하고 있는 것인가?

---

14) 영국을 제외한 EU 국가들 중 상당수는 미국의 이라크 침공에 "충격"을 받았으며 이로 인해 극도로 경색된 대서양 관계를 복원하려는 의도로 비확산 문제에 대한 합의 구축을 모색했다는 분석으로는 Portella(2015, 3) 참조.

이는 유럽과 북한의 양자관계에서 그 해답을 찾기는 어려울 것으로 보인다. 오히려 유럽과 미국의 관계라는 맥락에서 그 이유를 찾을 수 있지 않을까 한다. 부시 행정부 출범 이후 유럽과 미국은 많은 부분에서 견해를 달리하면서 양측 사이에는 과거에 비해 눈에 띌 정도로 높은 수위의 긴장관계가 조성됐던 것이 사실이다.

그러나 유럽에게 있어 미국은 중요한 존재이다. 단적인 예로써, 걸프전과 유고슬라비아 사태의 발생 시 드러난 유럽연합의 분열상과 무력성은 유럽에서 아직도 미국의 역할이 중요함을 일깨워 주고 있다. 그러나 미국 또한 냉전의 종식 이후 대외정책에 투여할 수 있는 자원이 국내적 요인으로 인해 제약되고 있는 현실을 감안할 때, 국제질서 유지의 물적 비용 충당과 정당성 확보를 위해서라도 유럽의 협조가 필요한 형편이다. 냉전 이후 등장하고 있는 테러리즘, 국제범죄, 마약밀수, 환경오염 등 새로운 도전에 효과적으로 대처하기 위해 양자 간의 협조관계는 유럽과 미국 서로에게 필요한 실정이다.

따라서 유럽은 국제문제를 해결함에 있어 미국과 기본적으로 공조체제를 유지하면서 자신의 이익이 첨예하게 걸려있을 때는 자신의 독자적 목소리를 최대한 발휘하고자 할 것이다. 이러한 마당에 유럽은 북한 문제를 가지고 미국을 자극할 이유가 없을 것으로 보인다. 유럽은 북한에 대해 어느 정도 관심은 있지만 그러나 중요한 안보 및 경제적 이해관계가 걸려 있지 않기 때문이다. 이라크 문제의 경우 사정이 다르다. 이라크 문제에 관한 한 유럽은 직접적인 이해 당사자라고 할 수 있다. 일단 중동은 유럽과 지리적으로 근접해 있는데다가 이라크 사태의 해결 방향이 에너지, 이민, 테러 등의 문제에 있어 갖는 의미가 크기 때문이다. 따라서 이라크 문제에 관련해서는 유럽은 미국과 의견이 다를 경우 자신의 입장을 적극적으로 개진할 충분한 이유가 있었다. 그러나 북한은 아니다. 오히려 북한문제는 유럽이 미국과 인식의 공통분모를 갖고 있음을 강조하는 계기로 활용될 개연성이 더 크다. 이라크 문제를 비롯한 다른 쟁점을 둘러싸고 유럽이 미국과 이견을 보이고 있다고 해서 북한 문제에 있어서도 유럽이 미국과는 다른 길을 갈 것으로 보기는 어렵다. 오히려 다른 많은 문제에서 미국과 갈등을 빚고 있기 때문에, 북한문제에서만큼은 유럽이 미국과 같은 길을 가려고 할 가능성이 더 크다. 특히 2000년대 초반 북핵 위기가 불거졌을 때, EU는 이를 계기로 이라크 전쟁에 대한 이견과 갈등으로 말미암아 회복 불능 상태로 훼손돼 있었던 대서양관계를 복원하기 위한 돌파구로 사용했을 개연성이 높다는 것이다.

결국 탈냉전 이후 국제정치적 위상 제고에 부심하던 EU는 북한의 핵문제와 인권문제가 '유럽적 가치의 확산'이라는 규범세력(Normative Power)으로서의 외교적 입지를 구축할 수 있는 좋은 기회가 될 수 있음을 인지했으며, 한반도에 대한 발언권 강화를 계기로 동아시아 지역과의 관계를 심화, 발전시킬 수 있는 계기로 활용될 수 있음에 주목했고, 나아가 대 테러전쟁의 수행과정에서 소원해졌던 미국과의 관계를 복원할 수 있는 돌파구로 활용할 수 있는 여지가 있다는 판단 하에 높은 수위의 대북 제재를 적극적으로 이행하고 있는 것이다.

VI. 결론

이상의 요인들을 고려했을 때 본 연구의 주장을 먼저 요약하자면 다음과 같다. 북핵문제에 대한 EU의 강경한 입장은 EU의 규범세력으로서의 외교정책적 정체성에서 비롯된 바 크다. 그런데 EU는 다른 외교적 주체와 마찬가지로 규범적 외교정책뿐만 아니라 실리적 외교정책을 추구하기도 한다. 규범적 외교정책과 실리적 외교정책이 서로 충돌할 경우, 규범적 가치 실현을 위한 노력은 아무래도 실리에 대한 고려로 인해 제약받을 수밖에 없다. 더욱이 개별 회원국의 중요한 이해관계가 첨예하게 부딪힐 경우 EU 외교안보정책 의사 결정은 사실상 만장일치를 요구하기 때문에 합의에 도달하기가 매우 어려우며, 규범적 지향성이 강한 외교정책은 이에 반대하는 회원국이 있을 경우 정책 수립 자체가 불가능해지기 쉽다. 하지만 북한에 대해서는 EU의 규범적 외교정책이 유럽의 실리 외교와 충돌되는 바가 거의 없다. EU－북한 관계뿐만 아니라 EU 회원국들과 북한 간의 관계가 워낙 미미하기 때문이다. 말하자면 북한의 경우 EU가 규범적 외교정책을 전개함에 있어 회원국들의 실리가 서로 부딪힐 이유가 거의 없는 상대인 것이다. 실리에 대한 고려를 할 필요가 없기 때문에 오히려 북한은 EU가 규범세력으로서의 자기정체성을 드러내기에 매우 이상적인 외교 대상일 수 있는 것이다.

한편 EU의 대북정책은 미국과의 관계에 따라 크게 영향을 받는 것으로 판단된다. EU의 외교정책적 위상이 많이 높아지고 있기는 하지만 EU는 외교안보정책 분야에서만큼은 미국에 매우 의존적이다. 물론 때때로 미국과 첨예한 대결 양상을 보이는 경우도 있다. 하지만 그러한 경우는 유럽의 사활적 이익이 걸려있을 때이고 그렇지 않은 경우, 즉 유럽으로부터 지리적으로 멀리 떨어져 있고 유럽의 핵심적 이익에 별다른 영향을 미치지 않는 사안에 대해서는 유럽이 굳이 미국을 반대해 대립각을 세울 필요가 없다. 때때로의 갈등과 마찰에도 불구하고 유럽으로서는 미국과의 협조 관계를 잘 유지하는 것이 외교안보이익의 실현을 위해 가장 중요하고 반드시 필요한 일인 것이다. 이러한 맥락에서 봤을 때 대북 제재 국면에서 EU가 철저하게 미국과 보조를 맞추고 있는 것은 어쩌면 당연한 일이다. 이렇게 본다면 EU의 대북 정책은 한편으로는 규범적 외교의 일환이지만 또 한편으로는 매우 현실주의적 고려의 결과이기도 하다. 규범적 세력으로서의 정체성을 맘껏 발휘하면서도 미국과의 힘의 관계를 철저히 반영해 미국의 대북정책을 보완하는 역할을 수행하고 있는 것이다.

참고문헌

최진우. 2002. "한반도 평화체제 구축과 유럽의 역할: 북한과 유럽, 그리고 미국." 『통일 문제연구』 제14권 2호, 33–53.

Allen, Susan Hannah. 2005. "The Determinants of Economic Sanctions: Success and Failure." *International Interactions* 31(2): 117–138.

Allen, Susan Hannah. 2008. "The Domestic Political Costs of Economic Sanctions." *Journal of Conflict Resolution* 52(6): 916–944.

Brummer, Klaus. 2009. "Imposing Sanctions: The Not So 'Normative Power Europe'." *European Foreign Affairs Review* 14(2): 191–207.

Chandler, David. 2003. "Rhetoric without Responsibility: The Attraction of 'Ethical' Foreign Policy." *The British Journal of Politics and International Relations* 5(3): 295–316.

Cross, Mai'a K. Davis and Jan Melissen eds. 2013. *European Public Diplomacy: Soft Power at Work*. New York: Palgrave Macmillan.

EEAS(European Union External Action Service). 2016. "Fact Sheet: EU–Democratic People's Republic of Korea Relations" (March 8).

Follath, Erich and Holger Stark. 2009. "The Story of 'Operation Orchard': How Israel Destroyed Syria's Al Kibar Nuclear Reactor." *Spiegel Online 11* (November 2).

Godement, François. 2008. "Europe–Asia: The Historical Limits of a 'Soft' Relationship." Richard Balme and Brian Bridges eds. *Europe–Asia Relations: Building Multilateralism*. New York: Palgrave Macmillan.

Hyde–Price, Adrian. 2006. "'Normative' Power Europe: a Realist Critique." *Journal of European Public Policy* 13(2): 217–234.

Manners, Ian. 2002. "Normative Power Europe: A Contradiction in Terms?." *Journal of Common Market Studies* 40(2): 235–258.

Mead, Walter Russell. 2001. *Special Providence: American Foreign Policy and*

How It Changed the World. New York: Alfred A. Knopf.

McGillivray, Fiona and Allan Stam. 2004. "Political Institutions, Coercive diplomacy and the Duration of Economic Sanctions." *Journal of Conflict Resolution* 48(2): 154−172.

Pape, Robert A. 1997. "Why Economic Sanctions Do Not Work." *International Security* 22(2): 90−136.

Peksen, Dursun. 2009. "Better or Worse? The Effect of Economic Sanctions on Human Rights." *Journal of Peace Research* 46(1): 59−77.

Peksen, Dursun and A. Cooper Drury. 2010. "Coercive or Corrosive: The Negative Impact of Economic Sanctions on Democracy." *International Interactions* 36(3): 240−264.

Portela, Clara. 2015. "The EU's Evolving Responses to Nuclear Proliferation Crises: From Incentives to Sanctions." *Research Collection School of Social Sciences* (46): 1−15.

Sjursen, Helene. 2016a, "What Kind of Power?." *Journal of European Public Policy* 13(2): 169−181.

Sjursen, Helene. 2016b. "The EU as a 'Normative' Power: How Can This Be?." *Journal of European Public Policy* 13(2): 235−251.

Smith, Karen E. 2008. *European Union Foreign Policy: In a Changing World.* Cambridge: Polity.

Smith, Karen E. and Margot Light. 2001. *Ethics and Foreign Policy.* Cambridge: Cambridge University Press.

Squassoni, Sharon A. 2005. "North Korea's Nuclear Weapons: How Soon an Arsenal?." *CRS Report for Congress, Order Code RS21391.*

Taylor, Mi Ae and Mark E. Mannyin. 2011. "Non−Governmental Organizations' Activities in North Korea." *CRS Report for Congress R41749.*

Kessler, G. 2005. "North Korea May Have Sent Libya Nuclear Material, U.S. Tells Allies." *Washington Post.* (February 2).

Whang, Taehee and Hannah June Kim. 2015. "International Signaling and Economic Sanctions." *International Interactions* 41(3): 427−452.

Williams, Paul. 2005. *British Foreign Policy Under New Labour, 1997−2005.*

London: Palgrave Macmillan.

Youngs, Richard. 2004. "Normative Dynamics and Strategic Interests in the EU's External Identity." *Journal of Common Market Studies* 42(2): 415—435.

제 2 장

유럽연합(EU)의 북핵 인식과 변화[*]: '관여정책'의 변화를 중심으로

박영민(대진대학교)

I. 서론

한반도 지역에서 EU가 차지하는 지정학적, 지경학적 이익은 미국, 일본, 중국, 러시아에 비할 바는 아니다. 그러나 EU는 지속적으로 한반도 문제에 대해 높은 관심만큼이나 적극적인 태도를 취해 왔다. 1993년 1차 북핵 위기 이후 설립된 '한반도에너지개발기구(KEDO: Korean Peninsula Energy Development Organization)'에 참여하였으며, 1998년 12월 이래 2015년 6월까지 14차례에 걸쳐 북한과 정치대화(political dialogue)를 가졌다. 이는 EU의 대북정책 기본 목표인 '지역평화와 안정', '비핵화/비확산', '인권문제' 해결을 위한 것이었다.

EU와 북한 간 관계는 2001년 5월 공식 외교관계가 수립되면서 본격화 되었다. 이 당시 EU의 대북정책 기조는 '건설적 관여(constructive engagement) 정책'에 입각해 있었다. 그러나 2002년 북한의 고농축 우라늄(HEU: high −

---

* 이 장은 저자가 발표한 학술논문, 박영민. 2017. "유럽연합(EU)의 북핵 인식과 변화: '관여정책'의 변화를 중심으로."『세계지역연구논총』35권 3호를 수정·보완한 것임을 밝힌다.

enriched uranium) 핵 프로그램 가동에 따른 '2차 북핵 위기'가 발생하면서, EU의 대북정책은 변곡점을 맞게 되었다. EU는 '유보적 대북 지원, 핵개발 반대'라는 원칙을 고수하면서 '비판적 관여(critical engagement)' 정책으로 전환하였다. 이에 따라 대북 정책은 인도적 지원과 국제적 위협의 제거라는 목표에 따라 투 트랙(two-track)으로 추진되었다. 그러는 와중에 2003년 12월 12일 EU 이사회(European Council)는 새로운 안보전략으로서 '유럽 안보전략(ESS: European Security Strategy)'을 채택하였다(European Council 2013).[1] 또한 이듬해 3월 25일에는 미국 조지 W. 부시행정부가 주도하는 '테러와의 전쟁 레짐'에 동참을 의미하는 '테러와의 전쟁선언(Declaration on Combating Terrorism)'을 발표하였다. 이로써 EU의 대북 정책은 과거와 달리 매우 엄격한 조건 위에서 결정되는 상황을 맞게 되었다.

이후 EU는 북한이 '핵개발 드라이브'를 본격화 하자 국제사회와 공조에 바탕을 둔 '제재(sanctions) 정책'[2]으로 더욱 강경한 방향으로 나아갔다. 이러한 양상은 2006년 10월 9일 북한이 1차 핵실험을 단행하자 그해 12월 '독자 제재조치(independent sanction measures)'로 나타났다. 그럼에도 불구하고 북한이 국제사회의 만류에도 연이은 핵·미사일 실험에 나서자 EU의 태도는 유엔 안보리 대북제재 결의안의 적극적 이행과 독자적 제재를 병행하는 방향으로 나아갔다.

EU는 왜 북한의 핵·미사일 문제에 이처럼 강경한 태도를 취하게 된 것

---

1) 유럽의 안보전략에 대한 연구로는 Sally McNamara(2007) 참조.
2) EU는 전통적으로 '제재(Sanction)'라는 용어 대신에 '제한적 조치(restrictive measures)'라는 용어를 사용하고 있다. 여기에서는 유엔 안보리(UN Security Council)의 공식 표현으로서 '제재'로 표기한다.

인가?, 대북 제재 국면 속에서도 북한과 대화를 지속해 온 이유는 어디에 있는가? 우선, EU의 북핵 문제에 대한 인식을 보다 근본적으로 파악하기 위해서는 EU의 원자력정책이라는 대내적 차원, EU의 대외정책의 이해가 필요하다. 첫째, 대내적 차원의 문제이다. EU는 핵(원자력)에 대한 강력한 규범에 기초해 있기 때문이다. EU는 기본적으로 EU 성립의 근간인 '유럽 원자력공동체(EURATOM: European Atomic Energy Community)'의 공동 핵 정책을 중시하고 있다.3) 아울러 EU는 EURATOM과 국제원자력기구 (IAEA: International Atomic Energy Agency) 간의 협정을 통한 '강력한 핵안 전 규제정책'을 따르고 있다. EU가 '유럽 핵안전규제그룹(ENSREG: European Nuclear Safety Regulators Group)' 설치를 통해 국제적 기준보다 강력한 핵 안전 규제정책을 펴 왔다는 점은 새로운 것이 아니다. 둘째, 대외적 차원 에서 EU는 변화하는 국제사회의 환경에 적응하는 경향을 보여 왔다. EU 의 북한 핵문제에 대한 대응이 관여정책의 맥락에서 제재정책으로 전환하 게 된 것도 유럽 안보환경의 변화에 대응하기 위한 것이었다. EU는 북한 핵기술 및 핵물질이 유럽 내 유입될 가능성에 주목하고 이를 우려했던 것 이다. 만일 북한의 핵물질이 다른 테러지원국이나 테러단체에 유입된다면 유럽 안보가 중대한 위험에 노출될 수밖에 없기 때문이다.

이에 따라 본 장에서는 EU-북한 관계와 대북정책을 검토하고, 그 바탕 위에서 EU의 북핵 정책의 결정 구조와 내용, 그리고 대응에 초점을 두고 살펴보고자 한다. EU의 대북 관여 정책은 세 시기로 구분할 수 있다. 우선 EU의 북한과의 국교수립 이전 시기인 1995년부터 1998년 까지 시기를

---

3) EURATOM에 관한 설명과 정책에 관해서는 <https://ec.europa.eu/pro grammes/ horizon2020/en/h2020-section/euratom> 참조.

'건설적 관여기'로 설정하고, 1999년부터 2006년 첫 핵실험을 강행한 기간 까지를 '신중한 관여기'로 구분한다. 아울러 2006년 이후 북한이 연이은 핵·미사일 실험을 통한 핵무기 능력의 고도화 시기는 '제재' 시기로 구분할 수 있다. '제재' 시기 EU는 '관여의 보류'를 넘어 유엔 안보리 대북제재에 적극 동참하기 시작했다. 또한 2016년 4월 이후부터 EU는 안보리 대북제재 결의안 이행과는 별도로 EU 차원의 독자제재를 실시하였다.

EU의 대북 관여정책은 협력이 중심이 되고 있는 '건설적 관여', 협력의 보류 내지 제한적 협력을 의미하는 '신중한 관여', 그리고 협력과 제재를 모두 정책수단으로 포함하고 있는 '비판적 관여'로 구분할 수 있다. 일반적으로 '비판적 관여'는 북핵 이후 지속되어온 EU의 대북 정책의 기본원칙으로 수용되어 왔다. 그러나 협력과 제재 중 어디에 비중을 두고 있느냐에 따라 성격규정은 달라질 수 있다. 그러나 여기서 '비판적 관여'는 협력과 제재가 동시적으로 병행되는 상황을 의미한다. 본 장에서는 각 시기별로 EU가 북핵 문제에 대해 어떻게 인식하였으며, 어떻게 대응했는지에 대해 검토한다.

II. 유럽연합(EU)의 북핵 인식과 유럽연합(EU) — 북한 관계의 변화

1. EU의 공동안보정책과 북핵 인식

EU의 북핵 정책은 마스트리히트조약(Treaty of Maastricht) 이후 3주체제

(Three Pillar System)의 한 축인 공동안보정책—공동외교안보정책(CFSP: Common Foreign and Security Policy)과 '유럽공동안보방위정책(CESDP: Common European Security and Defense Policy)'—의 기본 틀 아래에 위치해 있다. 1993년 11월 1일 '마스트리히트조약' 조약의 정식 발효와 더불어 '하나의 유럽'을 향한 토대를 마련하였다.[4] 이후 EU는 유럽의 안보정체성 (ESDI: European Security Defense Identity)을 강조하기 시작하였고, '안보의 유럽화'를 위해 먼저 CFSP를 구축하였으며,[5] CFSP는 CESDP로 발전하였다.[6]

우선 CFSP는 1999년 5월 '암스테르담조약(Amsterdam Treaty)'의 발효와 더불어 구축되었다.[7] 암스테르담조약에서는 평화유지 및 평화구축을 위한 군사적 · 비군사적 수단의 사용 가능성을 제시하는 등 EU의 안보 및 방위정책의 지향점을 명확히 하였다. CFSP에서는 안보 및 방위정책의 목표를 'EU의 근본적 이해와 독립성 보호', 'EU의 안보 강화' '평화 유지와 국제적 안보 강화', '국제 협력의 촉진', 그리고 '민주주의, 법치주의, 인권 존중의 공고화'에 두었다. 이를 바탕으로 CFSP는 1993년 이후 발칸 내전, 동티모르 사태, 핵무기 비확산과 테러 방지 등 국제사회의 주요 현안과 관련하여 70여 건의 공동정책을 채택하였다.

---

4) 유럽의 공동외교안보정책(CFSP)의 역사적 발전 과정에 대해서는 배규성 · 이승근 (2004); 이무성(2008); 이종광(1998); 이종광(2012) 참조.

5) CFSP에 대한 자세한 내용은 다음의 홈페이지 주소를 <https://eeas.europa. eu/headquarters/headquarters−homepage/420/common−foreign−and−se curity−policy−cfsp_en>; 이호영(2005) 참조.

6) CFSP의 CESDP 발전 과정에 대한 자세한 설명은 Rene Schwok, Pal Dunay and Fred Tanner(2001) 참조.

7) 암스테르담조약과 CFSP의 발전에 대해서는 이수형(2000) 참조.

한편, CFSP의 안보 및 방위정책은 CESDP로 발전하는 밑거름이 되었다. CFSP가 주로 인접지역에 국한되어 있었다면, CESDP는 여기에서 한 걸음 나아가 원거리 지역에서 위기상황에 대처하는 능동적 역할로 범위가 확정되었다. 이러한 노력은 북대서양조약기구(NATO: North Atlantic Treaty Organization)와 공조를 더욱 공고히 하는 데 이르렀다. NATO는 신속대응군(RRF: Rapid Reaction Force)을 창설하여 치안, 국경 통제, 민간 지원과 같은 신속한 평화 유지와 비군사 임무를 수행하게 되었다. 2009년 12월 1일 '리스본조약'이 발효됨으로써 CFSP는 완전한 틀을 갖추게 되었다. 리스본조약에 의해 공동 외교안보정책분야의 대외적 대표성은 '유럽이사회'에 주어졌다. 또한 '외교안보정책고위대표(High Representative of the Union for Foreign Affairs and Security Policy)'와 집행위원회가 이를 행사하도록 하였다(김현정 2012, 225). EU는 CFSP를 기반으로 북한과도 다각적 접근을 통해 북한의 변화를 유도하고자 노력하였다. 이러한 시도에는 '유럽적 가치'를 확산시키고자 하는 목적, 그리고 그에 따른 실천적 의지가 자리하고 있다.

[표 1] 마스트리히트조약 이후 EU 공동외교안보 개념의 발전

근거	주요 내용	중심 개념
1993~1999: 마스트리히트조약, 암스테르담조약	공동 외교안보 분야 기구내 협의, 고위대표 설치	CFSP
1999~2008: 니스조약	공동외교안보정책을 기초로 한 안보방위 정책 수립	CESPD
2009~현재: 리스본조약	유럽이사회에 대외적 대표성 부여, 외교안보 정책 고위 대표/집행위원회가 대표성 행사	CESPD

EU는 국제사회의 관심 대상인 북한의 인권, 핵·미사일 문제 등과 관련한 입장을 북한에게 전달하는 중요한 창구역할을 수행하였다. 특히 EU는 국제사회의 핵안전 및 핵물질에 대한 안전을 확보하기 위해 규제 수준을 국제수준보다 높이 설정해 왔으며, 국제적으로 비확산 문제에 선도적 태도를 취해 왔다. 이러한 점에서 북핵 문제는 EU의 핵 비확산 노력에 부합하는 것이었다.

EU는 2003년 마련한 유럽안보전략을 통해 테러리즘, 지역분쟁, 국제조직범죄, 국가실패, 그리고 WMD의 확산 방지를 위한 공동 대응 전략을 구체화하였다. 유럽안보정책에서는 EU가 제3국가와 협정을 체결할 경우에는 반드시 협정문에 '비확산' 관련 내용을 삽입하도록 명문화 하였다(김현정 2012, 225). 이와 같이 EU는 공동외교안보의 제도적 발전과 유엔의 비확산체제가 밀접한 관계에 있다는 인식에 따라 WMD의 비확산 노력에 선도적 역할을 담당해 왔다.

EU는 공적개발원조(ODA: Official Development Assistance) 규모와 기여율이 세계에서 가장 높은 비중을 차지하고 있을 뿐만 아니라 개도국에 풍부한 지원 경험을 가지고 있다. 북한과의 관계에 있어서도 2000년대 초반 미국 부시행정부의 강경한 대북정책 속에서도 EU는 북한에 대한 인도주의적 지원과 경제적 교류를 지속하였다. EU는 유럽 내의 NGO 등을 통해 북한에 대한 인도적 식량지원과 의료보건, 수질개선, 농업 관련 능력배양 프로그램 등을 지원하는 사업 형태로 제한적인 인도주의적 지원을 지속하였다.

[표 2] EU의 핵안전 관련 규범

구분	조약 및 정책	내용
EU 조약	EURATOM(1957)	핵물질 통계, 통제(사찰) 시스템 구축, 이온화 방사선 방지 및 보호 등 고준위 방사성 물질 통제, 운송, 사고발생 시 대책
EU 정책	EU 안보전략 2003 (EU Security 2003)	테러리즘, 지역분쟁, 조직범죄, 국가실패, 대량살상무기 예방 및 공동 대응전략 마련
	EU WMD 확산방지전략(2003) (EU Stragegy Against Proliferation of Weapons of Mass Destruction)	대량살상무기 확산방지를 위한 다자주의적 노력, 안정적 국제 및 지역 환경 조건 증진, 제3국과 협정 체결 시 '비확산' 조항 삽입
	WMD 확산방지 및 이전 체계에 대한 EU의 신 행동지침(2008, 2010, 2013) (New Lines for Action by the European Union in Combating the Proliferation of WMD and their deliver Systems)	대량살상무기 및 미사일 기술, 물품의 이전 방지를 위한 단계적 조치
	EU 화생방 행동계획 (2009) (EU Chemical, Biological, Radiological and Nuclear)	EU 내 CBRN 대화를 통한 화생방 물질의 예방, 탐지, 대응을 위한 T/F 조직

출처: http:/eur－lex.europa.eu/legal－content/EN/TXT/?uri＝uriserv%3Al33234;
https://ec.europa.eu/jrc/sites/jrcsh/files/20151130－itrap10－wojtas_en.pdf

그러나 2002년 2차 북핵위기 이후 지속적인 핵개발과 미사일 발사 등으로 상황이 계속 악화되면서 EU는 안보문제와 인도적 지원의 문제를 분리하여 다루기 시작하였다. 이에 따라 EU는 '상호주의'에 바탕을 두고 '신중한 관여(cautious engagement)'를 강조함으로써 WMD의 비확산, 제네바합의 준수 등에 대한 명확한 입장을 취하지 않을 경우 관계개선을 추구하지 않을 것을 분명히 하였다(박채복 2007, 209).

2003년 6월 EU 이사회는 '솔라나 독트린(Solana Doctrine)'으로 불리는 EU 차원의 새로운 유럽안보전략(ESS: European Security Strategy)에 대한 논의를 시작하여 12월에 이를 채택하였다. 솔라나 독트린은 하비에르 솔라나(Javier Solana) 고위공동외교안보정책담당 대표의 제안에 의해 채택된 것이다. 여기에서는 테러리즘, WMD의 확산 방지 등은 국제사회 평화와 안정, 유럽안보에 있어 중요하다는 인식을 명백히 하고 있다. 그리고 위기 이전 행동태세 마련과 신속한 위협 방지 필요성이 강조되었다(European Union 2003). 유럽안보전략은 그간 미국에 의존하던 안보전략을 넘어 EU의 독자적 안보전략의 목표와 정책을 제시하고 있다.

EU에 있어 북핵 문제는 지역 차원의 문제일 뿐만 아니라 WMD 비확산이라는 세계적 차원의 문제이다. 이러한 점 때문에 EU는 북한 핵문제 해결에 주도적 역할을 수행하는 데 직접적 이해관계가 얽혀 있지는 않지만 북핵 문제의 외교적·평화적 해결노력에 적극적 참여 의사를 표명해 왔던 것이다. EU는 북한의 비핵화 문제가 6자회담 틀 속에서 다뤄짐으로써 개입할 수 있는 여지는 매우 제한적이었다. EU 내부에서도 북핵 문제에 개입하는 것에 대해 일부 반대가 있었기 때문이다. EU 일부에서 EU 스스로가 한반도 문제와 관련한 이해 상관자(stake holder)가 아니라는 주장과 EU의 군사적 역량 및 대외적 영향력이 아직은 취약한 수준이라는 목소리가 적지 않았다. 이러한 요인은 EU로 하여금 북핵 문제에 대한 적극적 의지를 약화시키고 국제사회에서 주도력을 약화시켰다. 그러자 한켠에서는 EU가 막대한 대북 지원에도 불구하고 비용만 지불하고 있다는 불만과 우려가 제기되었다.

EU는 북핵 문제를 WMD 비확산 차원에서 접근하기 시작하였다. EU 대외관계청에 의하면, EU의 대외관계의 기본적 원칙은 'WMD의 비확산 전략'과 '불법 소형 화기 분쟁 방지전략'에 기초해 있다(EEAS 2016). EU는 북한의 핵개발이 지속됨에 따라 중장기적 기술지원 등을 현저히 축소하고 제재조치를 강화시키는 방향으로 정책적 전환을 시도하였다. 특히 EU는 북한의 3차 핵실험 실시 이후 유엔 안보리가 승인한 제재 확대안과 독자적 추가 제재 조치를 단행하였다. 이에 따라 북한과 관련된 금융과 무역에 대한 제재, 자산동결, 여행제한 등의 추가 제재조치가 취해졌다. 이러한 EU의 정책결정은 EU의 대북 인식과 태도가 변화되었음을 의미한다. 요컨대, EU는 북한 문제와 관련하여 안보 문제와 인도적 지원의 문제를 구분하고자 했다. 기존의 '비판적 관여'에서 북핵문제가 해결되지 않고 북한의 핵개발이 지속되면서 제재정책으로 전략을 변경하게 되었던 것이다.

2. EU-북한 관계와 정치대화

유럽 국가들이 개별적으로 북한과 관계를 맺기 시작한 것은 한국전쟁 이후 스위스, 폴란드, 체코 등이 중립국감독위원회 참여하면서부터였다. 이후 덴마크와 핀란드(1973년), 스위스(1974년)가 북한과 외교관계를 맺었고, 스웨덴이 1975년 북한과 공식 외교관계를 수립하였다. 하지만 스웨덴의 경우는 다른 나라들과 배경이 다소 달랐다. 반제국주의 노선을 추구한 스웨덴 사민당 올로프 팔메(Olof Palme) 정권이 공산 진영과도 관계 개선을 시도하면서 자연스럽게 북한과의 외교관계 수립도 추진되었던 것이다

(Magnus Andersson and Jinsun Bae 2015, 48).

EU는 1995년 북한에 심각한 홍수가 발생하고 이에 따른 심각한 주민피해가 나타나면서 처음으로 대북 지원을 시작하였다. EU와 북한 간의 본격적인 외교 교섭은 1990년대에 후반에 이뤄졌다. EU는 1997년 5월 15일 KEDO 참여에 가서명하였으며, EU는 한·미·일 3국과 함께 집행 이사국 자격으로 향후 5년간 매년 약 2천만 달러를 KEDO에 제공하겠다는 의사를 천명했다(동아일보 1997/5/20). 같은 해 9월 19일 KEDO 이사회는 EU가 KEDO 정식 회원국이 되었다는 사실을 공개하였다. EU는 KEDO 참여의 주된 목적이 한반도 안정과 화해, 그리고 핵의 비확산을 통한 지역안정에 기여하는 데 있음을 밝혔다(EEAS 2001/12/31).

1999년 9월 제54차 유엔총회를 앞둔 시점에서 북한은 유럽 국가들과의 교류 확대 차원에서 EU 회원국들에 외무장관 회담을 제의하는 등 유럽과의 관계 개선을 모색하였다. 북한은 EU 국가들과와 양자 관계를 우선 확립한 이후 EU와 수교하는 전략을 취하였다. 이에 따라 북한은 2000년 1월 4일 EU 국가 중 이탈리아와 가장 먼저 대사급 외교관계를 수립하였다. 나아가 그해 9월 EU의 당시 15개 회원국 중 7개국을 대상으로 수교를 제의하였다. 2000년 10월 서울에서 열린 제3차 아시아·유럽정상회의(ASEM: Asia–Europe Meeting)를 계기로 영국, 독일, 스페인 등이 대북 수교방침을 발표하면서 북한과 EU 국가들 간의 양자 관계는 더욱 확대되었다. EU와 EU 국가들이 북한과의 국교 정상화에 합의한 배경에는 2000년 6월 15일 이뤄진 남북정상회담이 EU의 대북 인식에 큰 영향을 미쳤다.

2001년 5월 2일 EU의장이었던 스웨덴 고란 페르손(Goran Persson) 총리를 단장으로 하는 EU 대표단이 방북, 서방의 국가원수로서는 처음으로 김정일 국방위원장과 회담을 갖고 김정일 국방위원장의 서울 답방 실현, 2003년까지 미사일 발사시험 유예 등을 약속받고 EU－북한 간 인권대화 개시, 북한 경제조사단의 유럽 파견 및 양자 간 경제협력 등에 합의하였다. 이에 따라 2001년 5월 14일 EU 집행위원회는 북한과의 수교를 발표하게 되었다. 이후 북한은 독일 등 8개 유럽 국가들이 북한과 수교하였으며, 프랑스, 아일랜드를 제외한 13개 EU 회원국이 북한과 국교관계를 갖게 되었다. EU와 북한의 수교는 EU의 정체성 강화와 국제적 위상 제고라는 목표에 매우 합리적인 선택이었다. 마찬가지로 북한에게도 EU와의 수교는 대외관계 확대를 위해 더 없이 좋은 기회였다.

그러나 북핵 문제는 EU－북한 관계에 부정적 요인으로 작용하였다. 2002년 11월 당시 EU 의장국이었던 덴마크의 페르 쉬티크 묄러(Per Stig Moeller) 외무장관은 "북한이 즉각 핵무기 개발 프로그램을 중단하지 않으면 북한과의 관계를 재고하지 않을 수 없다"는 경고를 보내기도 하였다. 또한 2002년 2차 북핵 위기 이후 2003년 6월 EU 정상회의에서 EU 회원국 정상들은 WMD 확산방지를 위해 노력할 것을 촉구하는 성명을 발표하였다. EU의 북한의 핵개발에 대한 문제 제기에도 불구하고 북한이 EU 국가와의 관계 증진을 추구하는 데는 경제적 차원의 동기가 담겨 있다. 북한은 EU로부터 1995년부터 수교 당시인 2001년까지 북한에 약 2억 5천만 유로(약 2억 7천 5백만 달러)에 달하는 지원을 제공받았다. 이러한 EU의 막대한 대북 지원규모는 북한으로 하여금 EU를 중요한 파트너로 인식하게 하였던 것이다. EU의 대북지원 정책결정에 영향을 미친 중요한 메커니즘은 1998년 12월 이후 2015년까지 추진된 북한과의 정치대화이다. EU는 제3국(특히, 실패국가, 취약국가)에 대한 지원 및 경제 협력을 위해 WMD, 인권

등의 개선 상황을 점검하기 위한 메커니즘으로 정치대화를 활용해 왔다.

EU와 북한 간의 정치대화는 1998년 12월 2일 브뤼셀에서 이뤄진 트로이카(Troika) 미팅(현재 및 차기 EU의장국, 집행위원회 등 3주체)인 국장급 정치대화가 개시된 이후 매년 개최되었다. 1998년 12월 제1차 정치대화(브뤼셀)에서는 북핵, 6자회담, 남북관계, KEDO, 인권, 대북 식량지원 문제 등이 논의되었다. 이를 계기로 1998년 12월 EU 의회대표단이 평양을 방문하였으며, 1999년 1월 집행위원회 대표단의 방북이 성사되었다. 그해 11월 브뤼셀에서 EU와 북한 간 제2차 정치대화가 이뤄졌다. 그런데 2005년 EU가 북한 인권결의안을 유엔에 상정하자 북한은 거세게 항의하였다. 북한의 불만과 항의는 결국 정치대화의 거부로 나타났다. 이후 정치대화는 불안정적으로 운영되었다. 정치대화는 2007년 '2.13 합의' 이후 곧 재개되었다. 2012년~2014년 사이 다시 중단되었다가 2015년 4년 만에 제14차 정치대화가 재개되었으나 다시 중단되어 가동되고 있지 않은 상태이다. 2011년 제13차 정치대화 이후 4년 만에 개최된 제14차 회의는 2013년 2월 12일 북한이 제3차 핵실험을 강행한 이후 개최된 정치대화이다. 이 회의는 EU가 북한의 지속된 무력도발 속에서도 대화 동력을 유지하고자 하는 의도에 따른 것이었다. 제14차 회의에서는 북한의 핵개발과 미사일 발사 실험, 한반도 주변 정세, 그리고 북한인권의 개선과 사회경제적 이슈에 관한 논의가 진행되었다. 아울러 EU는 북한에 대한 비판적 관여정책을 통해 한반도 평화와 안정을 추구할 것임을 강조하였다(EEAS 2015/6/25). 북한-EU 간 추진된 정치대화를 정리하면 [표 3]과 같다.

[표 3] EU-북한 간 정치대화

차수	일시 및 장소	주요 의제
1차	1998.12.2 (브뤼셀)	핵·미사일 개발문제, 4자회담, 남북관계, 한반도에너지 개발기구 문제, 북한 경제개발, 인권문제, 대북식량지원 분배투명성 등(국장급 실무대화)
2차	1999.11.24 (브뤼셀)	식량난, 인권, 한반도 안보상황, 대량살상무기의 비확산유지, 상호연락사무소 설치, 대북원조 확대
3차	2000.11.25~28 (평양)	남북정상회담지지 발표, 한반도 화해 지원, 인권개선, 대량살상무기 개발·수출의 자제
4차	2001.10.27. (평양)	관계개선, 북한 인권, 대량살상무기 문제, 대북지원
5차	2002.6.15. (평양)	북한의 인권, 핵·미사일 등 대량살상무기 문제, 대북지원 및 9~10월경 북한대표단의 유럽의회방문 협의
6차	2003.12.9~12 (평양)	한반도 긴장완화, 북한 핵능력 포기와 미사일개발 중단이 지역안정에 기여하고 EU와 관계발전 강화 계기, 경제개발 및 인권문제
7차	2004.11.13~16 (평양)	대북 인도적 지원과 경제개혁, 북핵 문제와 6자회담 조기 개최
2006년 정치대화 취소		
8차	2007.3.6~8 (평양)	'2.13 합의' 이후 북한 핵관련 합의 실행에 대비, 양자관계 복원
9차	2007.10.23~24 (평양)	북한, 제3차 '북한-EU 경제토론회'(10.23~24, 평양) 개최소식 보도
10차	2008.5 (브뤼셀)	조선노동당 대표단(김태종 당부부장), 유럽국가 방문차 평양 출발(평방, 5.27)
11차	2009.3.21~23 (평양)	양자 관계, 인권 및 북한의 사회·경제적 상황 논의 (북한의 실험적 위성 발사는 유엔 안보리 결의 1718호 위반이며, 국제사회에 잘못된 신호를 줄 수 있다는 점 강조) * EU 트로이카 대표단, 박의춘(외무상)과 담화(3.23, 중통) * 김영남(최고인민위원회 상임위원장), 김영대(사회민

		주당 위원장), 유럽의회 사회당 대표들과 담화(3.20, 중통)
12차	2009.10.27~31 (평양)	비핵화, 인도적 지원, 인권(아동 권리), 사치품 수출금지
13차	2011.12.2~5 (평양)	북한의 인권과 핵 문제, 식량 안보를 위한 지원 사업
2012년~2014년 정치대화 취소		
14차	2015.6.19~24 (평양)	핵과 미사일, 인권문제가 논의(미합의)
2016년 이후 정치대화 추진 사례 없음		

출처: 외교부(2017/7/7) 자료를 토대로 보완 및 재구성

III. 북한의 핵개발 지속과 유럽연합(EU)의 대북 정책 변화

1. 건설적 관여(constructive engagement): 1995~1998

EU와 북한 관계는 1990년대 후반 이후 밀도가 더욱 높아졌다. 1995년 북한이 극심한 홍수 피해를 당하자 EU는 북한에 구호물품 등을 지원하였다. 인도주의적 지원으로부터 시작된 EU와 북한 관계는 1997년 EU가 KEDO 집행이사회 구성원으로 참가하면서 한 걸음 더 진전되었다. EU는 1994년 북·미 제네바 합의가 체결되자 KEDO 참여 문제를 과거와 달리 능동적 관점에서 바라보았다. EU의 KEDO 참여에 대해 회원국 일부의 반대가 없지는 않았다. 영국과 핀란드는 이중적 재정 부담을 이유로 KEDO 참여를 반대하였으며, 덴마크, 오스트리아, 스웨덴, 아일랜드는 국내 반핵 정서를 이유로 부정적 의사를 표명하였다(김성형 2005, 41). 일부 회원국의

반대 의사에도 불구하고 EU는 KEDO 참여를 결정하였으며, KEDO에 1995년부터 2000년까지 총 7,500백만 유로를 부담하였다(EEAS 2001/12/31). 특히 EU가 막대한 비용 지출에도 불구하고 북핵 문제에 적극적 자세를 취한 데는 북핵 문제가 EU의 핵원칙과 불가분의 관계에 있다는 인식이 작용하였다(도종윤 2012, 124). EU는 국제적 핵위협의 중대한 사안으로 'WMD의 확산'을 지목하고, WMD 비확산을 외교정책 목표로 삼아 왔다. 남북관계에 개선 조짐이 조금씩 나타나기 시작한 1998년 이후부터 EU는 대북지원과 동시에 북한과의 정치대화를 시작하였다.

2. 신중한 관여(cautious engagement): 1999~2001

EU는 1999년 7월 19일 한반도 문제에 대한 집행이사회 보고서(Council Conclusion on the Korean Peninsula)에서 대북관계의 기본방침을 정하였다. 이 보고서는 2000년 11월에 다시 회의에 붙여져 EU가 북한과의 관계개선에 나서는 데 있어 몇 가지 고려해야 할 사항이 추가되었다. 첫째, 북한의 실질적 남북화해 조치를 추진하되 관련국과의 대화를 병행하는지의 여부, 둘째, 북한이 핵·미사일 문제에 대한 책임 있는 태도로 임하는지의 여부, 셋째, 인권상황을 개선하고 인권관련 유엔협약을 준수하는지의 여부, 넷째, 외부 원조 물품이 북한 주민들에게 실질적으로 전달되고 있으며, 외국 NGO들의 북한 내 활동이 보장되는지의 여부, 다섯째, 유럽 기자들에 대한 비자발급 등과 같은 조치들이 원활히 이뤄지고 있는지의 여부 등이다(이재승 2002, 232). 그런데 EU는 근본적으로 북한의 핵·미사일 문제에 대한 전향적 입장 표명 여부가 관계 개선의 핵심적 잣대로 간주되었다.

EU는 2000년 6월 15일 1차 남북정상회담 이후 한반도에서의 안정을 추구하기 위해 남북 간 화해협력을 지속할 것을 북한에 촉구하면서 정치대화를 더욱 능동적으로 관리해 나가기로 하였다. 이러한 EU의 적극적인 북한과의 관계개선 움직임은 2000년 11월 20일에 발표한 '대북 행동방향(EU's lines of action towards North Korea)'으로 더욱 구체화 되었다. 또한 EU는 북한과 수교 직전인 2001년 3월 4일 '대북 정책 가이드라인'의 근간을 이루는 'EU-북한 전략보고서(The EC-DPRK Country Strategy Paper 2001-2004)'를 발표하였다(김성형 2005, 37). 여기에는 EU의 북한과의 관계 개선에 있어 우선적으로 추진될 과제가 적시되었다. 첫째, 효율적인 개발을 위한 제도적 장치와 역량강화 지원활동, 둘째, 지속가능한 경영체계 및 자원 활용과 관련한 지원활동, 셋째, 교통망 정비 및 확충 사업, 넷째, 식량안보 및 농촌개발 프로그램 등이다. 아울러 과제 수행의 성과평가기준이 구체적으로 명시되었다. ① 기술 원조에 따른 품질관리와 피드백을 담당할 행정부서의 구성 여부, ② EU 전문가들에 대한 적절한 접근권의 보장 여부, ③ 교육훈련 프로그램의 실시하고 나서 시장경제 원리와 대외관계의 기술적 복잡성을 이해하고 업무를 수행할 전문가 양성 체계를 확립하는 것 등이다.

3. 비판적 관여(critical engagement): 2002년 이후

EU의 북한에 대한 건설적 관여정책은 2001년 9.11 테러와 2002년의 2차 북핵 위기를 거치면서 '보류(standstill) 정책'으로 전환되었다. 특히 2002년 10월 북한의 고농축우라늄(HEU: High Enriched Uranium) 프로그램

개발 의혹이 공개되면서 북핵 문제는 일약 국제적 안보쟁점으로 떠올랐다. 그런데 북한 고농축우라늄 핵개발 의혹이 공개된 당시만 하더라도 EU는 북핵 문제가 외교적 방법으로 충분히 해결될 수 있을 것으로 믿었다. 그러나 북한이 실제 핵동결 장치를 해제하고 IAEA 사찰단을 강제로 추방하는 등 국제적 핵검증 절차를 무시하자 EU는 북한을 냉엄한 시각으로 바라보기 시작하였다(박채복 2006, 262). EU는 2002년 11월 19일 'EU 외무장관회의 결론(Council Conclusions)'에서 대북 정책에 대한 새로운 방향을 제시하면서 북한이 핵무기 개발 프로그램의 폐기에 즉각 나서야 한다고 촉구하였다(European Union 2002/11/19). 아울러 북한이 여기에 불응한다면 인도적 지원을 제외한 EU의 기술 지원 및 교역상 특혜 조치 등 일체의 대북지원을 재검토하겠다는 단호한 의지를 표명하였다. 또한 국제사회와 더불어 북한에 대한 핵개발 계획 폐기 및 핵동결 유지를 위해 적극적으로 나설 것을 천명하였다. 그러나 북한은 끝내 NPT 탈퇴 가능성을 카드로 내밀며 강경한 태도로 일관하였다. 이에 EU는 미국의 북핵 해법인 '선 핵관련 의무이행 후 대화' 입장을 북한이 수용할 것을 촉구하는 등 미국과의 공조에 나섰다. 이때부터 EU의 대북정책은 '비판적 관여 정책(critical engagement policy)'으로 변화의 길을 걷게 되었다(Heinz Gaertner 2014, 5).[8]

이런 상황에서 북한은 EU와의 관계 증진에 더욱 힘을 기울였다. 2002년 3월에는 북한은 벨기에, 이탈리아, 스웨덴, 영국 등 4개국에 경제대표단을 파견하였으며, 그해 12월에는 대외 결제수단으로 미국 달러화 대신 EU의 유로화를 사용하기로 결정하였다. 이에 비해 EU는 북한과의 관계를

---

8) '비판적 관여정책'은 한편으로는 정례적 정치대화와 개발원조 프로그램을 추진하면서도 다른 한편으로는 외교적 압력과 제재를 병행하는 것을 의미한다.

지원을 늘리기보다는 경제 워크숍 개최와 같은 대화채널의 유지에 국한하는 신중한 태도를 견지하였다.[9] 무엇보다 핵문제에 대해 우라늄 농축 프로그램 가동의 즉각적인 중단을 줄곧 요청하였다. 그럼에도 불구하고 북한이 핵 프로그램을 지속하자 2003년부터는 KEDO 분담금 지급과 북한에 대한 기술지원을 중단하였다(이재승 2005). EU는 그해 12월에는 정상회의 결론(Presidency Conclusions)을 통해 북핵에 대한 우려 표명과 조속한 핵 폐기를 촉구하는 동시에 북한이 국제적 비확산의무를 온전히 이행할 경우 북한과의 협력을 재개할 수 있음을 표명하였다.

이와 같이 2002년 이후 EU의 대북정책의 변화에는 두 가지 배경이 자리하고 있다. 하나는 9.11테러 이후 '테러와의 전쟁'에 돌입한 미국과의 전략적 제휴의 틀 속에서 미국과 북핵 공조의 필요성도 더불어 커졌다는 점이다. 다른 하나는 EU의 대북정책이 공동외교안보정책의 틀에 국한해 이뤄졌다는 점이다. EU는 독자적 군대를 보유하지 않고 있어 EU 차원의 군사적 개입은 사실상 불가능하다. WMD 확산 방지를 위해서는 제재 수단과 무력사용까지 고려해야 하지만 EU는 경제적, 외교적 수단을 넘어 설 수 없다는 근본적 한계를 가지고 있다(박채복 2007, 91-92). 이러한 맥락에서 EU는 북한에 대한 인도적 지원의 지속, 대화 채널의 유지 등 대북정책의 보류 내지 비판적 관여정책을 추구하게 된 것이다. EU의 대북지원 정

---

9) EU는 북한의 경제 개혁·개방을 위한 노하우 전수를 위해 2004년부터 매년 경제개혁 워크숍을 실시하였다. EU와 북한의 경제 워크숍은 제1차(2004/6/31~9/4), 제2차(2005/10/11~14), 제3차(2007/10/23~24)에 걸쳐 모두 세 차례 이뤄졌다. 2006년, 2009년 북핵 실험 등으로 실시되지 못하였으며, 2008년 5월 체코는 북한 경제관리 초청 체제전환 과정에 관한 연구 세미나 개최하였다. 북한은 경제워크숍에 상공연합회 부회장 등 국·과장급 인사 7명 참석시켰다.

책은 인도적 지원을 포함한 직접적 지원은 점차 축소하고 NGO를 통한 간접지원 방식으로 정책의 변화를 시도하게 되었다.

4. 북한의 핵무기 능력 강화와 제재(sanction)

2003년 8월 27일 북핵의 평화적 해결을 목표로 6자회담이 우여곡절 끝에 닻을 오렸다. 그러나 2005년 2월 10일 북한이 핵무기 보유와 6자회담의 무기한 중단을 선언하면서 6자회담은 교착상태에 빠지게 되었다. 이후 북핵 문제는 마치 롤러코스터(Roller Coaster)의 레일을 따라 오르막과 내리막길을 반복하는 양상을 보였다. 우선 북한의 핵보유 선언으로 인해 초래된 6자회담의 교착은 2005년 9월 19일 '9.19 공동성명'이 발표됨으로써 고비를 넘기게 되었다. '9.19 공동성명'은 북한의 NPT체제 복귀, 한반도 평화협정 체결, 북한의 단계적 비핵화, 북미 간의 신뢰구축 등 핵심 내용이 주된 골자이다.[10]

그러나 2006년 6월 북한은 국제사회의 만류에도 불구하고 끝내 핵실험

---

10) '9.19 공동성명'의 핵무기 관련 주요 합의 사항은 다음과 같다. ① 6자는 6자회담의 목표가 한반도의 검증가능한 비핵화를 평화적인 방법으로 달성하는 것임을 만장일치로 재확인하였다. ② 북한은 모든 핵무기와 현존하는 핵계획을 포기할 것과 조속한 시일 내에 핵확산금지조약(NPT)과 국제원자력기구(IAEA)의 안전조치에 복귀할 것을 공약하였다. ③ 미국은 한반도에 핵무기를 갖고 있지 않으며, 핵무기 또는 재래식 무기로 북한을 공격 또는 침공할 의사가 없다는 것을 확인하였다. ④ 한국은 자국 영토 내에 핵무기가 존재하지 않는다는 것을 확인하면서, 1992년 「한반도의 비핵화에 관한 남북공동선언」에 따라 핵무기를 접수 또는 배비하지 않겠다는 공약을 재확인하였다. ⑤ 북한은 핵에너지의 평화적 이용에 관한 권리를 가지고 있다고 밝혔다. ⑥ 적절한 시기에 북한에 대한 경수로 제공 문제에 대해 논의하는데 동의하였다.

을 강행함으로써 핵문제 해결의 조건과 양식을 완전히 다른 모습으로 전환시켜 버렸다. 특정 국가가 핵실험에 성공하였다는 것은 자체적으로 핵무기제조능력의 보유를 의미한다. 따라서 2006년 6월 이후 북핵 문제는 과거와는 본질적으로 차이를 지니게 되었다. 이에 EU 내부에서는 그간의 대북정책 기조를 근본적으로 재검토해야 한다는 목소리가 제기되었다. EU는 2006년 10월 의장국 성명, 고위대표 성명, 외무장관회의 결론 채택 등 연이은 성명을 통해 관여정책의 변화 가능성을 예고하였다. 우선 EU는 북한의 핵실험을 강력히 규탄하면서 유엔 안보리 대북제재 결의안 1718호의 충실한 이행 의지를 표명하였다. 그러나 북한에 대한 신뢰가 붕괴된 상황에서 국제사회는 대북 제재를 강화하면서도 대화를 완전히 포기하지는 않았다. 2007년 2월 13일 재개된 6자회담 제5차 3단계 회의에서 이른바 '2.13 합의'를 이끌어 냈으며, 이를 통해 새로운 문제 해결의 단초가 마련되었다. '2.13 합의'는 북한의 핵시설 폐쇄와 불능화, 핵사찰 수용, 중유지원 100만 톤 상당의 경제적 지원 등의 내용을 담고 있다.

2007년 10월 3일에는 '10.3 합의'를 통해 '행동 대 행동'의 실천적 기반이 마련되었다. '10.3 합의'에 따라 북한은 영변 핵 시설에 대해 IAEA와 미국 및 러시아의 핵전문가의 사찰을 받고 단계적 폐기 절차를 따르기로 하였으며, 미국은 북한에 대한 '테러지원국' 해제, 북한의 금융자산 동결을 약속하였다. 이와 같은 '2.13 합의'다. '10.3 합의'가 가능했던 것은 6자회담이 시작된 2003년부터 당사국들이 실질적이고 구체적 합의에 이를 때까지 같은 차수에서 단계를 달리해 가며 회담을 지속해 왔던 때문이었다. 북한은 2008년 8월 영변 원자로의 냉각탑을 폭파하는 등 비핵화 의지를 대외에 천명하였다. 그러나 북한은 시료 채취를 포함한 핵심 검증방법을 수용할 수 없다는 입장을 완강하게 고수함으로써 6자회담은 다시 교착상태에 접어들고 말았다.

2009년 6월 EU 정상회의는 북한의 핵·미사일 실험을 강력히 규탄하고, 국제사회와 협력하여 보다 단호한 조치를 취해 나갈 것이라는 합의 결과를 발표했다. 이러한 EU의 의지는 '이사회 결론(presidency conclusions)'과 2009년 12월 23일 의결된 이사회 규정(Council Regulation)에 고스란히 담겼다(European Council 2009).

EU의 북한에 대한 비판적 기조에도 불구하고 북한은 EU와 협력관계 유지를 위해 더욱 적극적으로 구애의 손을 내밀었다. 2009년 박경선 당 국제부 부부장(1월) 영국 방문, 영국 국회 대표단(2월) 방북, EU 트로이카 대표단 방북(3월), 유럽의회 사회당 대표단 방북(3월) 등 다양한 방문 및 초청외교를 추진했다. 하지만 북한과 EU 사이의 관계는 생각만큼 진전되지는 못하였다. EU가 국제사회와 북핵 문제에 대한 공조체제를 공고히 한 가운데 단호한 조치들을 취해 가고 있었기 때문이다. 특히 2009년 EU의 이사회 규정 개정은 북한에 대한 강력한 제재를 예고한 신호탄이었다. EU의 2009년 이사회 규정은 2006년 11월 채택된 공동 입장을 개정한 것으로서 유엔 제재위원회가 결정한 5명의 북한 인사 및 8개 회사 외에 EU가 자체적으로 선정한 13명의 북한 인사와 4개 회사를 제재 명단에 추가하는 조치였다. 그리고 2007년 3월 채택된 이사회 규정을 개정하여 유엔 안보리 대북제재 결의 1874호에 근거한 EU 차원의 구체적 제재 조치를 결정한 것이었다.

EU의 제재는 공동외교안보정책의 목적을 달성하기 위해 EU의 배타적 권한인 경제 영역과 회원국과 EU가 공유하는 정책 영역에 대한 제재 대상의 접근을 차단하는 방식으로 이뤄지고 있다. 28개 회원국과 다양한 EU

기구들이 제재 결정과 이행 과정에 참여하며, 제재 성격과 종류에 따라서 제재 조치의 법적 성격은 차이를 갖는다. EU의 제재는 회원국의 합의와 이행을 요구하며, 그 효과를 발휘하기 위해 회원국의 관계 기관과 EU 관련 기구들의 지식 축적과 정보 공유에 기초하고 있다.

EU의 제재는 북한의 핵·미사일 실험이 지속됨에 따라 더욱 강화되는 추세를 보이고 있다. 이에 유엔 안보리는 2006년 이후 10년 동안 대북 제재 결의 1718호(2006년)와 1874호(2009년), 2087호·2094호(2013년), 2270호·2321호(2016년), 2356호, 2375호(2017년) 등 모두 8차례의 제재 결의안을 채택하였다. EU는 2006년 10월 북한의 1차 핵실험 직후인 2006년 12월 대북 제재를 부과하였으며, 북한이 2차, 3차 핵실험을 강행한 이후부터 EU는 유엔 안보리 결의안에 따른 추가 제재를 부과하고 있다. 또한 EU 차원의 독자적인 대북 제재를 병행하고 있다.

EU는 2013년 2월 3차 핵실험 이후 북한에 대해 금융 및 무역제재, 자산동결, 그리고 여행제한 등 광범위하고 강력한 제재를 부과하였다. 북한이 3차 핵실험을 단행한 이후인 2013년 2월 18일 EU는 외무장관회의에서 이전보다 광범위하고 강력한 대북 제재 방안을 천명하였다. EU의 대북 제재 내용에는 북한에 대한 금융, 무역, 자산동결, 여행제한 등이 포함되었다. 그 결과 유럽에서 33개에 대한 북한 자산이 동결되었으며, 북한 기업이나 기관 중 핵무기나 WMD 개발과 관련된 것으로 보이는 대상의 금융거래나 영업이 통제되었다. 핵개발에 관련된 북한인의 여행 제한 대상도 26명으로 확대되었다. 또한 북한의 미사일과 핵 프로그램 부품으로 사용될 수 있는 알루미늄과 금, 다이아몬드 등 금속물질 거래의 금지와 북한으로의 송금 제한과 은행 개설 불허 등 금융 제재를 강화하였다.

한편 2016년 1월 4일 북한이 4차 핵실험을 강행한 이후 유엔은 3월 2일 비군사적 제재로는 가장 강력한 내용을 포함한 것으로 평가된 안보리 대북 제재 결의 2270호를 채택하였다. EU 이사회는 유엔의 대북 제재 결의안 2270호가 채택되자 5월 20일 북한에 대한 추가 제재대상으로 북한의 핵개발 관련 인물 18명과 인민군 전략로켓부대를 지목하였다. 또한 EU 이사회는 2016년 5월 27일 북한의 핵실험이 국제평화와 안보에 심각한 위협을 초래하는 것이라고 강조하고 추가적인 제재를 결정하였다. EU 이사회의 5월 27일 결정은 유엔 안보리 결의에 따른 대북 제재 내용에 별도 부과된 것으로서 [표 4]와 같이 수입, 금융, 운송 분야에 걸쳐 대단히 광범위 내용을 담고 있다.

[표 4] EU의 독자적 대북 제재 주요 내용

분야	주요 내용
수입 통제	• 북한산 석유제품, 사치품 및 의 군민 양용 품목의 수입 전면 금지 • 무기개발에 전용될 수 있는 품목, 기술에 대한 목록 추가
금융 통제	• 북한과의 무역에 재정적 도움을 제공하거나 사전 허가 없는 북한과의 자금거래 행위 전면 금지 • 북한의 EU 회원국 내 모든 투자 금지 • EU 회원국 국적자가 북한의 불법 활동에 관여된 기업에 투자 금지
운송 통제	• 북한 국적의 항공기가 EU 회원국 상공을 비행하거나, 착륙 또는 이륙하는 것을 전면 금지 • 북한 선박의 EU 회원국 항구 입항 전면 금지

출처: 남진욱(2016, 70)

2016년 9월 9일 북한의 5차 핵실험이 강행된 이후 유엔은 기존 제재를 보완하여 2016년 11월 30일 대북 제재 결의 2321호를 채택했다. 이에 따라 2017년 2월 27일 EU는 추가 제재안을 발표하였으며, 4월 6일 북한의 핵실험 및 미사일 시험발사가 계속되자 이에 대응해 독자적 추가 제재를 부과하였다(European Council 2017). 이로써 EU의 북한에 대한 제재 범위는 주민 14명과 기관 4곳의 자산동결 및 여행제한 조치로 확대되어 제재 대상은 모두 개인 43명과 기관 46곳이 되었다. 이 중에서 개인 41명과 기관 7곳은 EU의 독자적 제재대상이다.

2017년 9월 3일 북한은 6차 핵실험을 단행하였으며, 9월 11일 유엔 안보리는 결의안 2375호를 채택하였다. EU는 9월 15일 북한의 광물수출 금지, 탄도미사일 발사에 책임이 있는 북한의 개인 9명과 국책 무역은행 등 단체 4곳을 제재명단에 추가하는 내용의 독자 제재안을 발표하였다. 이에 따라 EU의 대북 제재 대상으로 개인은 104명, 기관 59개로 확대되었다.

IV. 결론: 유럽연합(EU) 북핵 정책의 시사점

1990년대 중반 이후 EU의 대북정책은 관여정책에 근거하였다. EU의 핵문제 해결을 위한 KEDO 참여 역시 건설적 관여정책의 맥락에서 추진된 것이었다. 2002년 2차 북핵 위기 당시에도 EU의 건설적 관여정책은 비판적 관여정책으로 다소 후퇴한 측면이 없지 않았지만, 관여정책의 기조는 폐기되지 않았다. 그러나 2006년 북한의 핵실험 이후 EU의 북핵 정책은 그 동안 추진해 왔던 관여정책에 변화를 시도하였다. EU는 핵실험을 그간의 핵개발 프로그램과는 본질적으로 다른 사안으로 인식하였다. 이에 따라 북한의 핵·미사일 개발에 매우 원칙적이고 강경한 입장을 취하였다.

특히 2013년 2월 12일 북한의 3차 핵실험 이후부터는 유엔 안보리 대북 제재 결의안 이행과 별도로 EU 차원의 제재를 추가적으로 부과하기 시작하였다.

그러나 EU가 전통적인 관여정책을 완전히 폐기하였다고 보기도 어렵다. 그리고 북한 인권문제와 인도적 지원문제가 북핵 문제에 대한 EU의 정책결정에 중요한 영향을 미친다고 단언하기는 어렵다. 그러나 이러한 요인들이 밀접히 연계돼 있다는 논리 역시 그 근거를 찾기 어렵다. 가령, 북핵 제재 국면에서 EU는 필연적으로 인도적 지원을 중단하고 인권문제에 대해서도 강경하게 나설 것이라는 경험적 증거도 발견할 수 없다. 이러한 맥락에서 볼 때, EU는 북한에 대한 지원 등 기본적으로 건설적 관여정책을 견지하고 있는 것이다. 한국으로서는 EU와 북한과의 유연 관계구조를 활용하는 전략이 필요하다. 이를 위해서는 한국과 EU 간 북한 문제에 관한 포괄적 공조체계를 수립할 필요가 있다. 다만, 프랑스와 같이 북핵에 대해 대단히 강경한 태도를 지닌 국가들은 개별 국가 수준에서 접근하는 데 비중을 둘 필요가 있다.

EU는 북핵 문제의 해결에 있어 유엔 안보리의 경제재재와 독자적인 제재조치를 이행하면서도 북한에 대한 대화와 인도적 지원, 그리고 인권문제에 대한 개선요구를 지속적으로 제기해 왔다. 이와 같은 EU의 비판적 관여정책은 우리 정부의 대북 정책에 있어 의미하는 바가 적지 않다. 문재인정부는 북핵 문제 해결과 한반도 평화체제 수립을 목표로 하고 있다. 만일 북한의 비핵화 이행과 개혁개방 추진이 현실화 된다면, 그 과정에서 한국과 EU 간의 공조 및 협력 가능성은 매우 중요하다.

그 밖에 EU의 대북 핵정책은 우리 정부에게 정책적 시사점을 제공한다.

첫째, EU는 북한 핵문제와 인권문제, 그리고 경제·사회적 이슈들을 논의하는 틀로서 정치대화를 지속해 왔다. 그 동안 다양한 형태로 추진되었던 남북대화는 제도화 되지 못하고 파국, 단절, 그리고 재개되는 과정을 반복해 왔다. 향후 남북관계의 안정적인 발전을 위해 EU-북한 간 정치대화와 같은 연례 정치대화를 제도화할 필요가 있다.

둘째, EU와 북한의 관계를 활용한 한반도 문제의 점진적 해결방안을 모색할 필요가 있다. 앞서 논의한 바와 같이 EU는 KEDO를 통해 한반도 문제에 관여한 경험이 있으며, 정치대화를 통해 북한과의 관계를 지속해온 주요 국제정치 행위자이다. 국제사회의 대북 제재국면에서 EU는 북한에게 서방과의 거의 유일한 소통채널이었다. 우리 정부는 EU와의 적극적인 전략대화를 통해 한반도 문제의 해결에 있어 EU의 역할을 활용할 필요가 있다. 특히 동아시아에서 미국과 중국의 갈등이 점차 가중되고 있는 상황에서 EU의 긍정적 역할을 할 수 있는 공간을 마련할 필요가 있다.

셋째, EU와 EU의 개별 회원국들이 북한과의 관계 속에 축적한 경험과 관련한 정보들을 공유하고 한국-EU간 협력을 안정적으로 추진해 나갈 필요가 있다. 무엇보다도 EU가 북한과 진행한 14차례의 정치대화가 어떻게 진행되었으며, 이 과정에서 EU와 북한이 상호간에 어떠한 변화를 이끌어 냈는지 등에 대한 검토와 이해는 중요한 의미를 지닌다.

참고문헌

구갑우. 2016. "대북제재의 정치적 목적은 무엇인가?." 2016 북한연구학회 춘계학술회
　　의 자료집.

김성형. 2005. "유럽연합(EU)의 신 대북 협력 정책: EU 집행위원회 전략보고서를 중심
　　으로(1989－2002)." 『한국정치외교사논총』 제26권 2호, 29－56.

김현정. 2012. "핵안보 및 핵안전 중첩을 위한 EU공동정책 고찰." 『국제정치연구』 제15
　　집 1호, 209－232.

남진욱. 2016. "국제사회의 대북제재와 추가 대북제재 관련 언론보도." 『KDI 북한경제
　　리뷰』 10월호, 65－76.

도종윤. 2012. "유럽연합의 KEDO 가입: 참여요인, 평가 그리고 함의." 『동서연구』 제
　　24권 2호, 117－144.

박채복. 2006. "EU－북한관계의 변화와 전망: 중재자에서 보완자로." 『통일문제연구』
　　통권 제45호, 253－276.

박채복. 2007. "EU의 대북 인권외교: 북핵문제의 평화적 해결과 인권문제의 연계." 『한
　　국동북아논총』 제42집, 199－220.

박채복. 2007. "북핵문제의 해결과 향후 EU－북한관계 전망." 『국제정치연구』 제10집
　　2호, 77－98.

배규성·이승근. 2004. "유럽안보의 선택과 도전: CFSP의 메카니즘과 미국의 선택."
　　『대한정치학회보』 제12집 1호, 293－319.

외교부. 2016. 『2016 외교백서』. 서울: 외교부.

이수형. 2000. "유럽연합의 공동외교안보정책(CFSP): 대서양주의자와 유럽주의자의 논
　　쟁을 중심으로." 『세계지역연구논총』 제14집, 79－100.

이재승. 2002. "EU의 對한반도 정책." 『한국사회과학』 제24권 제1호, 221－245.

이재승. 2005. "EU의 신안보정책과 대북관계." 한국EU학회 발표논문.

이종광. 1998. "마스트리히트조약 이후 유럽 안보체제의 변화." 『유럽연구』 제8호,
　　147－171.

이종광. 2012. "유럽연합의 공동외교안보정책 발전과 리스본조약에서의 안보전략 강
　　화." 『국제정치연구』 제15권 1호, 183－207.

이호영. 2005. "유럽안보정체성 추구와 공동외교안보정책(CFSP): 역할과 한계." 『한국 프랑스학논집』 제52집, 323-346.

정성윤. 2016. "북한 5차 핵실험의 의미와 파장." 『KINU Online Series』 Co.16-24.

정일영. 2013. "한반도 평화체제 구축방안의 재론: 관련국간 합의내용을 중심으로." 『정 책연구』 179호, 1-35.

조민·김진하. 2014. 『북핵일지: 1955-2014』. 서울: 통일연구원.

통일부 통일교육원. 2017. 『2017 북한이해』. 서울: 통일부 통일교육원.

Andersson, Magnus and Jinsun Bae. 2015. "Sweden's Engagement with the Democratic People's Republic of Korea." *North Korean Review* 11(1): 42-62.

Council of the European Union. 2009. "Presidency Conclusions." (18/19 June).

EEAS. 2016. "European Union External Actions, Disarmament, Non-Proliferation, and Arms Export Control." (28 January).

European Council. 2003. "A secure Europe in a Better World." (12 December).

European Council. 2017. "EU restrictive measures against North Korea." (최종 검 색일: 2017/5/6).

EU. 2002. "2464th Council meeting: EXTERNAL RELATIONS, Brussels." (19 November).

European Union External Action. 2001. "The EC-Democratic People's Republic of Korea(DPRK)-Country Strategy Paper 2001-2004." (31 December).

European Union External Action. 2017. "Common Foreign and Security Policy (CFSP)." (7 June).

European Union External Action. 2015. "EU-DPRK Political Dialogue-14th Session." (25 June).

McNamara, Sally. 2007. "The European Security and Defense Policy: A Challenge to the Transatlantic Security Alliance." *Backgrounder* 2053: 1-11.

Schwok, Rene, Dunay, Pal and Tanner, Fred. 2001. "The Development of a Common European Security and Defence Policy(CESDP) by the European Union and Its Possible Consequences for Switzerland." *Occasional Paper Series* 30 (15 June).

동아일보. 1997/5/20. "EU, KEDO가입 협정문 가서명."
외교부. 2016/3/3. "유엔 안보리 대북제재 결의 2270호 채택."
외교부. 2016/12/2. "유엔 안보리 대북제재 결의 2321호 채택."

제 3 장

유럽연합(EU)의 對 북한 인권정책[*]

모춘흥(한양대학교 평화연구소) · 최진우(한양대학교)

I. 서론

북한 인권문제는 북핵문제와 함께 국제사회의 관심사다. 국제사회가 북한 주민의 열악한 인권상황에 대해 관심을 갖고 개선을 촉구한 것은 어제오늘의 일이 아니다. 유엔총회와 유엔인권이사회는 지난 십수년간 꾸준히 북한 인권상황을 고발하고 비판하는 인권결의안을 채택해오고 있으며, 유럽의회 또한 지금까지 다섯 차례에 걸쳐 북한인권 상황의 지속적인 악화를 개탄하는 대북 인권결의안을 채택한 바 있다(최진우 외 2016, 66).[1] 한편 국제사회의 지속적인 문제제기에도 불구하고 북한 당국은 반발과 무대응으로 일관하면서 북한 인권상황이 개선될 기미가 보이지 않자 2013년 3

---

* 이 장은 저자가 발표한 학술논문, 모춘흥 · 최진우. 2018. "규범세력(normative power)으로서의 유럽연합(EU)의 對 북한 인권정책." 『통일연구』 제22권 제1호를 수정 · 보완한 것임을 밝힌다.

1) 가장 최근에 채택된 유럽의회 제5차 대북 인권결의안은 2016년 1월 21일 채택됐다. 이 결의안을 통해 유럽의회는 북한의 제4차 핵실험을 규탄하고 국제사회의 북한에 대한 제재를 지지한다는 견해를 밝혔으며, 북한 당국으로 하여금 인권개선을 위해 인권협약상의 의무를 이행할 것을 촉구했다(2016/2521(RSP)).

월 유엔인권이사회는 북한 인권문제에 대한 체계적인 조사를 위해 북한인권 조사위원회를 설립했다. 그러나 북한 당국의 강한 반발로 북한인권 조사위원회의 북한 방문은 무산됐으며, 이에 따라 북한인권 조사위원회의 조사는 주로 한국, 일본, 태국, 영국, 미국 등지에서 공청회 및 비공개 인터뷰를 통한 간접조사 방식으로 진행되고 있다.[2]

북한인권문제에 대해서는 국제기구 및 국제 인권단체 뿐만 아니라 서방 진영의 주요국가들도 비판의 대열에 동참하고 있다. 특히 미국, 일본, 그리고 유럽연합과 그 회원국들은 지속적으로 북한 인권 문제에 대해 우려를 표명하며 다양한 차원에서 압박을 가하고 있다. 미국과 일본은 북한에 대해 지속적으로 비판과 압박의 기조를 유지해 오고 있다는 점에서 북한 정권의 약한 고리인 인권문제를 지속적으로 제기하는 것은 놀라운 일은 아니다. 그렇다면 유럽연합이 북한 인권문제에 이토록 적극적인 입장을 갖는 이유는 무엇일까?

사실 유럽에게 있어서 "북한은 별다른 안보위협이 되는 것도 아니고, 양자관계의 발목을 잡고 있는 과거사와 정치적 갈등을 야기할 만한 특별한 현안은 존재하지 않는다"고 볼 수 있다(최진우 외 2016, 67). 그럼에도 불구하고 유럽연합이 적극적으로 북한 인권개선을 촉구하는 이유는 유럽연합이 지향하는 규범적 가치의 확산 혹은 실현에 근거하고 있는 것으로 볼 수 있다. 2015년 6월 22일 유럽의회는 「2014 세계 인권과 민주주의 연례

---

2) 유엔을 비롯한 국제사회의 북한 인권문제에 대한 이러한 노력은 2016년 6월 김정은을 미국 정부의 대북 제재리스트에 올리는 등의 가시적인 성과를 냈지만, 이를 두고 당시 많은 비판이 제기되기도 했다(이정훈 2016). 일부 전문가들에 따르면 국제사회의 대북 인권제재는 북한에게 군사적 도발의 빌미를 제공할 수도 있다는 것이다.

보고서」를 채택한 바 있다. 이 보고서에서 유럽의회는 북한의 인권 존중과 개선이 대북 정책의 핵심 사안이라는 점을 강조하고 있다. 요컨대 북한의 핵과 미사일 문제 해결 또한 중요한 현안이지만 이에 못지않은 비중을 차지하는 것이 북한 인권문제라는 것이며(Council of the European Union 2014), 이러한 기조에서 유럽연합은 북한인권상황에 대해 앞장서 문제제기를 해오고 있다.

이러한 점들을 고려하여 본 연구는 유럽연합 대북정책의 한 축인 인권정책을 분석하고자 한다. II장에서는 북한 인권문제에 대한 유럽연합의 정책을 설명함에 있어 유럽연합의 대외정책 정체성인 '규범세력'의 개념을 설명하고 이를 대북 인권정책에 적용한다. 그 다음 III장에서는 규범세력으로서 유럽연합이 대북한 인권정책을 어떠한 방식으로 추진했는가를 살펴본다. 마지막으로 IV장에서는 유럽연합의 대북한 인권정책의 특징과 정책적 시사점을 살펴본 뒤 논의를 마무리한다. 다만 본 연구에서는 유럽연합의 대북한 인권정책의 제도적인 측면에서 집중하고 있다는 점에서, 인도주의적 지원에 대한 부분은 다루고 있지 않다는 점을 논의를 시작하기 전에 미리 밝혀둔다.

II. 규범세력으로서의 유럽과 對 북한 인권정책

2002년 제2차 북핵 위기가 불거진 이래로 유럽연합은 북한의 핵과 미사일 문제에 강경한 입장으로 선회했다. 그러나 유럽연합은 대북정책의 전반적인 강경 기조에도 불구하고 인권문제와 인도주의적 지원의 문제에 있어서는 핵과 미사일 문제와는 결을 달리하고 있다. 대화와 협력에 방점을 두고 있는 것이다. 대표적인 예로 1998년 이래 유럽연합과 북한은 총 14차례 정치대화의 하위의제로 인권문제에 대해 진지한 의견을 교환해오고 있으며, 2001－2003년 사이에 북한 인권개선을 유도하기 위한 노력의 일환으로 인권대화(human rights dialogue)를 개최한 바 있다.

유럽연합이 북한의 핵과 미사일 문제에 강경한 입장을 보이는 것과는 달리 인권문제에 적극적인 입장을 가지고 상호간 진지한 의견을 교환해오고 있는 이유는 무엇인가? 첫째, 유럽연합은 북한의 핵과 미사일 문제 해결에 직접적인 당사자가 아니란 점에서 핵과 미사일 문제 해결에 있어 미미할 수밖에 없는 역할을 인권문제 측면에서 만회하려는 의도를 갖고 있으리라는 추측이 가능하다(박채복 2006, 158). 둘째, 미국의 대북정책과는 구분되는 유럽연합의 외교정책이 갖는 특수성 때문이다. 유럽연합 외교정책의 근간은 무엇보다도 인권과 민주주의와 같은 규범적 가치다(Balazs Majtenyi, Lorena Sosa, and Alexander Timmer 2016, 5). 바로 이러한 외교정책적 정체성이 유럽연합으로 하여금 대북정책에 있어 인권문제에 특별한 관심과 노력을 기울이게 하고 있다는 것이다(박채복 2007, 205－206). 특히 유럽연합은 유엔과의 협력을 통해 세계 인권 정책의 향상 및 수호를 위해 선도적인 역할을 해오고 있으며, 북한과 같이 인권 정책 및 제도가 갖추어지지 않았거나 심각한 위기에 처한 국가들을 상대로 양자차원에서 적극적인 역할을 수행하고 있다(황기식 외 2011, 368－373).

그렇다면 유럽연합의 대북한 인권정책은 어떻게 이해할 수 있을까? 유럽연합이 지향하는 인권과 민주적 가치의 확대에 기초한 대북한 인권정책은 현실주의적인 국가이익의 실현에 초점을 맞추고 있는 미국의 대북한

인권정책과는 분명한 차별성이 존재한다. 이러한 유럽연합의 대북한 인권정책의 특징을 이해하기 위해서는 유럽연합이 추구하는 외교정책의 목표와 수단의 차별성을 설명하는 데 유용한 개념인 '규범세력(normative power)'이라는 개념에 주목할 필요가 있다.

테러와의 전쟁이 단적으로 보여주듯이 미국은 국가이익 중심의 현실주의 외교정책 목표를 설정하고 자국의 국가이익 실현 혹은 확대를 위해 군사력을 빈번하게 활용해오고 있다. 이와는 달리 유럽은 보편적 가치의 일환인 인권과 민주적 가치의 확대를 외교정책의 핵심적인 목표로 상정하면서 연성권력과 외교 협상, 그리고 다자주의적 국제기구의 통로와 다양한 행위자들과의 적극적인 협력을 도모하는 방법을 활용해 국제정치적 쟁점에 대한 해법을 모색하려는 태도를 견지해오고 있다(최진우 외 2016, 73; Ian Manners 2002, 236-237).

유럽연합과 유럽연합의 외교정책을 설명하기 위해 규범세력이라는 용어를 사용한 이언 마너스(Ian Manners)는 대상국에 대해서 물리적 힘 혹은 물질적 인센티브가 아닌 정당한 것으로 이해될 수 있는 규범적 정당성(normative justification)을 사용해야 하고, 설득의 과정에 적극적으로 참여해야 하며, 이를 통해 사회적인 힘과 광범한 결과를 이끌어내야 한다고 주장한다(Ian Manners 2009, 2-4). 규범세력이라는 개념으로 유럽연합의 외교정책을 설명하는 것과 유사한 것이 '권리에 기반한 접근(rights-based approach)'이다. 권리에 기반한 접근은 규준(norms), 원칙(principle), 기준(standard)과 국제인권체계의 목적을 포괄하는 개념을 의미한다(Jakob Kirkemann Boesen & Tomas Martin 2007, 9).

물론 유럽연합이 북한을 포함해 인권 상황이 열악한 국가에 인권 개선을 요구하는 것을 규범세력이라는 개념만으로 설명하기에는 많은 한계가 있는 것이 사실이다. 또한 마너스가 '규범세력 유럽'의 개념이 제시된 다음 이에 대해 많은 비판적 논의가 진행됐다. 유럽연합의 외교정책적 정체성이 규범세력의 성격보다는 현실주의적인 성향에 더 기울어져 있다는 지적이 대표적인 예다(Adrian Hyde-Price 2006, 217-234).

그러나 규범세력 유럽연합에 대한 비판은 유럽연합이 규범적 원칙에만 매몰돼 있는 것은 아니라는 점을 간과하고 있다. 사실 유럽연합의 외교정책이 현실주의적인 색채를 보이는 것은 인권과 민주적 가치의 확산이라는 규범적 목표의 실현을 위해 유럽연합 개별 회원국 차원에서의 군사력 동원의 가능성을 열어놓고 있는 데서 찾을 수 있다. 물론 군사력이 빈번히 활용되기는 어렵고, 실제 사용된 예도 제한적이지만 그렇다고 해서 무력이 외교정책의 수단으로 완전히 배제되고 있지는 않고 있다. 더욱이 규범세력으로서 유럽연합의 대외정책은 전적으로 규범적 목표만 추구하는 것이 아니라 물질적 이익과 규범적 가치가 동시에, 그리고 최대한 모순적이지 않은 범위 내에서 추구되며, 이때 북한의 물질 구조, 이익 구조, 관념 구조에 영향을 미칠 수 있는 다양한 수단이 동원되는 것이다(김남국 2007, 25; 황기식 외 2011, 373-385; 최진우 외 2016, 78).

그렇다면 규범세력으로서 유럽연합의 대북인권정책은 어떠한 방식으로 추진되는가? 이를 이해하기 위해서는 규범이 어떻게 출현하고 어떻게 확산되는가에 주목할 필요가 있다. 특히 규범 확산 메커니즘은 대상국의 정체성 변화를 설명하는데 매우 유용한 이론적 자원이다. 이와 관련해 코워트와 레그로(Paul Kowert and Jeffrey Legro)는 규범의 형성, 유지, 변화가 '생태적 과정(ecological process)', '사회적 과정(social process)', '내적 과정

(internal process)'이라는 세 과정을 통해서 이루어진다고 설명한다(Paul Kowert and Jeffrey Legro 1996, 469-483). 이를 구체적으로 살펴보면 다음과 같다.

첫째, 생태적 과정은 크게 세 단계를 포함한다. 규범의 출현, 유지, 그리고 정체성의 변화가 바로 그것이다. 먼저 출현 단계는 행위자들이 규범적 가치를 판단하는데 활용할 수 있는 준거들이 아직 형성되지 않은 상태로 이때는 행위자들이 규범을 수용하도록 설득하는 작업이 중요하다. 설득 과정에서 행위자들의 정책적 선택으로 규범이 출현하게 되며, 이렇게 출현하게 된 규범이 도전을 받지 않는 상태로 유지되면 될수록 그대로 '고착화(solidify)'된다. 이러한 규범은 급작스러운 환경변화와 함께 변화압력을 받지만, 때에 따라 환경변화는 규범에 도전하기보다는 규범을 재강화시키는 요인으로 기능하기도 한다.

둘째, 사회적 과정은 규범 확산에 있어서 인간, 조직들, 국가 또는 여러 정치 행위자들의 상호작용방식과 관련된 부분이다. 저자들은 이 과정에서는 공통의 언어와 유산과 같은 행위자들 간에 공유된 문화적 기제가 정체성 형성과 규범 확산에 크게 기여한다고 주장한다. 이 설명에 따르면 유럽연합이 북한의 핵과 미사일 위협에도 불구하고 인도주의적 지원을 지속하지만, 유럽연합의 대북한 인권정책이 가시적인 성과를 내지 못하는 이유는 북한과 공유할 수 있는 문화적 공통분모가 작기 때문이라고 볼 수 있다.

셋째, 내적 과정은 여타 경로와는 달리 정치행위자들 내부에서 작용한 것이다. 저자들은 이 과정에서는 규범의 역할 규정을 촉진시키는 개개 행위자들의 개별적인 심리 혹은 신념과 인식이 매우 중요하다고 설명한다. 내적 과정은 규범 형성과 확산의 마지막 단계로 규범적 가치를 확산시키려는 노력이 대상국에 어떠한 변화를 가져왔는가를 보여주는 단계이다. 이 단계에서 대상국은 행위국이 전파하고자 하는 규범을 받아들여 자신들의 선호를 바꾸는 경우도 있으나, 그러한 규범을 전략적으로 수용하기도 하며, 이를 재해석하여 지역화하거나, 완전히 거부하고 새로운 규범을 제시하기도 한다(신봉수 2007, 55-75, 박성은 2014, 56-58에서 재인용).

이상에서 살펴본 규범세력이라는 개념은 유럽연합의 대외정책의 주된 이론적 자원이며, 유럽연합은 이를 대북정책에도 반영하고 있다. 즉 유럽연합은 규범외교를 통해 북한 스스로 인권개선의 필요성을 자각하고 인권협약상의 의무 이행을 촉구하고 있으며, 이를 위해 북한과의 양자차원과 국제 인권단체와 국제기구를 활용하는 다자차원, 그리고 유럽의회 차원에서 대북한 인권정책을 추진해오고 있다.

III. 유럽연합(EU)의 對 북한 인권정책 추진

앞서 살펴본 바와 같이 유럽연합의 외교정책은 인권 향상, 민주적 가치 확산, 법의 지배를 주된 목표로 하고 있으며, 이를 통해 국제 평화와 안전이 증진될 수 있다고 보고 있다(최의철 2005, 82). 이러한 목적에 기초해 유럽연합은 규범세력으로서 대북한 인권정책을 추진해오고 있는데, 그 과정은 주로 유럽연합-북한간의 양자적 접근과 국제사회의 적극적인 협력을 도모하는 다자적 접근, 여기에 유럽의회 차원의 대북 인권결의안 채택이 병행되어 추진되고 있다.

본 장에서는 유럽연합의 대북한 인권정책이 양자차원과 다자차원, 그리고 유럽의회 차원에서 어떻게 추진되었는가를 살펴본다.

1. 정치대화 및 인권대화

북한과 유럽연합의 관계는 1990년대 소련의 해체와 동구 사회주의 국가들의 연이은 체제 전환과 함께 본격화됐다. 북한은 탈냉전이라는 국제환경 속에서 체제유지를 위해 전방위적으로 외교를 다변화하려는 목표를 세웠으며, 그 과정에서 정치적 부담이 상대적으로 적으면서도 경제적 실익을 추구할 수 있는 유럽과의 관계를 증진하고자 했다. 유럽 또한 북한과의 관계 개선에 상당히 적극적인 입장을 취했는데, 이는 냉전 종식 이후 형성되고 있던 미국 주도의 국제질서에 대응해 아시아에서 입지를 구축함으로써 부상하고 있는 아시아 시장의 교두보를 마련하고 아시아에 대한 영향력을 확보하고자 하는 이른바 '아시아 전략'의 일환이었다(이규영 2003, 41).

특히 유럽연합의 북한에 대한 접근과 1990년대 북한이 직면한 심각한 체제위기는 맞물려 있었다. 1990년대 중후반 북한이 겪었던 '고난의 행군' 시기 독일을 비롯한 유럽연합 회원국들은 적극적으로 대북 인도적 지원에 나섰으며, 유럽연합은 1997년 한반도에너지개발기구(KEDO: Korean Peninsula Energy Development Organization)에 집행이사국으로 참여함으로써 양자 간 관계 개선이 급속히 진전됐다(최의철 2005, 83). 이러한 과정에서 북한인권문제는 양자관계에서 중요한 의제로 다루어졌으며, 유럽연합의 대북 식량, 농업, 의약품 등의 인도적 지원은 북한의 인권 상황 개선을 위한 노력과 무관하지 않은 것으로 보인다(이선필 2009, 273).

이와 함께 1998년 초 김대중 정부가 대북 포용정책을 추구하면서 김대중 정부는 유럽 국가들과 북한 간의 관계 개선을 독려했으며, 이러한 분위기 하에서 1990년대 말부터 2000년대 초반 북한과 대다수의 유럽연합 회원국들이 국교를 정상화했으며 마침내 2001년 5월 14일에는 유럽연합과 북한의 양자 간 수교가 이루어졌다. 수교를 전후해 유럽연합과 북한은 정치대화를 정례적으로 개최하게 되고, 여기에서 북한인권문제는 매번 중요한 의제로 논의됐다. 구체적으로 1998년 12월 이후 유럽연합과 북한은 한반도 평화와 안전을 달성하기 위한 국제사회의 노력을 지지하고 북한의 열악한 인권상황을 개선하기 위해 14차례 정치대화를 가졌다(Europa, European External Action Service 2016).

유럽연합과 북한은 지난 14차례의 정치대화에서 핵과 미사일 문제, 인권개선, 경제협력, 인도적 지원 등 매우 광범한 의제를 다루었다. 정례적인 정치대화는 양측 간의 관계를 획기적으로 개선시키는 계기가 됐으며, 그 과정에서 유럽연합-북한 간 인권대화가 성사됐다. 2001년 6월 브뤼셀에서 개최된 첫 양자 간 인권대화는 기존의 정치대화 틀 속에서 인권문제를 하위 의제로 상정해서 논의하는 것에서 벗어나 인권문제만을 집중적으로 다룬다는 점에서 매우 큰 의미를 갖고 있다고 볼 수 있다(박성은 2014, 60). 당시 유럽연합 의장을 맡아 인권대화를 주도했던 스웨덴은 성명을 통해 "양측이 평등과 상호 존중 원칙 아래 협의를 진행시키는 데 관심을 표명"했으며, 특히 양측이 "인권에 관한 기본원칙, 유엔인권기구, 유엔인권기구와의 협력 등에 관한 시각을 교환했다"는 점을 강조했다(한국개발연구원 2001; Ruediger Frank 2002, 97).

그러나 2001년 6월 성사된 양자 간 인권대화는 이듬해 6월 평양에서 열린 제 2차 대화를 끝으로 더 이상 개최되지 않고 있다. 2002년 제2차 북핵위기가 불거지면서 양자 관계가 경색 국면에 접어들게 된 것이 주된 이유일 것이다. 이에 따라 인권문제는 이제 별도의 대화체에서 논의되지 않고, 2003년 6월과 2004년 11월 정치대화의 틀 속에서 하위 의제로 상정되어 다루어지게 된다. 또한 2005년 양자 간 정치대화는 유럽연합이 북한 인권결의안을 유엔인권총회에 상정한 것에 북한이 반발하면서 무산되었다가 2007년 3월 비로소 다시 재개됐다. 그러나 부분적으로나마 북한 인권문제를 다루었던 양자 간 정치대화마저도 2011년 말 13차, 그리고 4년 만의 공백 후 2015년 6월에 열린 14차 대화를 마지막으로 아직껏 재개되지 못하고 있다.

2018년 평창 동계올림픽을 계기로 형성된 남북한 해빙 분위기 속에서도 유럽연합과 북한 간 정치대화가 언제쯤 재개될 수 있을지는 의문이다. 2018년 3월 유럽연합은 북한 고위급 대표단의 평창 동계올림픽 개막식 참석 등으로 남북한이 보여준 협력 정신이 계속해서 한반도의 긴장완화와 신뢰 조성에 도움이 되길 희망한다는 견해를 밝히면서도, 북한과의 정치대화는 계획하고 있지 않다고 말했다(RFA 18/3/2). 또한 유럽연합은 남북관계를 개선하고 북미 간 비핵화 대화를 중재하는 한국정부의 역할을 긍정적으로 보고 있지만, 북한의 완전한 비핵화에 이르기까지 대북제재가 필요하다는 입장을 보이고 있다. 이러한 점은 2018년 10월 문재인 대통령이 유럽 순방을 통해 확인할 수 있다. 당시 문 대통령은 프랑스, 영국, 독일, 이탈리아 등 유럽 주요국정상을 만나 대북제재 완화의 필요성을 주장, 설득에 나섰지만, 유럽 정상들의 반응은 대체로 부정적이었던 것으로 알려졌다.

이상에서 살펴본 바와 같이 유럽연합－북한간의 정치대화와 인권대화는 북한의 반복적인 핵 및 미사일 시험, 이에 대한 유럽연합의 비판과 북한의 반발로 계속 답보상태에 머물러 있다. 그러나 많은 한계에도 불구하고 유럽연합의 대북한 인권정책은 적지 않은 의미를 가지고 있는 것으로 판단된다. 무엇보다도 2002년 제2차 북핵 위기가 불거졌음에도 불구하고 유럽연합과 북한은 2015년까지 총 14차례 정치대화를 가졌고, 그 틀 내에서 양자 간 인권문제를 심도 있게 다루었다는 점이 주목할 만하다. 이는 북한이 규범세력으로서 유럽연합의 인권과 민주적 가치에 대해 일정 부분 호응해주었다는 것을 보여주고 있기 때문이다. 나아가 이점은 북한이 미국을 비롯한 국제사회와의 접촉과 대화가 거의 봉쇄된 상황에서 국제사회로의 편입을 모색할 때 유럽과의 관계를 활용할 수 있는 가능성을 의미하기도 한다.

규범세력으로서 유럽연합이 대북정책을 추진함에 있어서 물리적 힘보다는 포용과 설득이라는 문민적 수단에 의존하고 있다는 점은 미국의 강압적 대북정책과 비교했을 때 북한의 인권 규범을 출현시키는 것보다 훨씬 더 효과적이다. 그러나 북한인권문제가 14차에 걸쳐 행해진 유럽연합과 북한 간 정치대화의 하위 의제로 다루어졌다는 점은 이 문제가 핵과 미사일 문제에 연계될 수밖에 없다는 것을 의미한다. 대표적으로 유럽의회는 북한이 2016년 1월 6일 제4차 핵실험을 강행하자 북한 핵실험을 규탄하고 국제사회의 북한에 대한 제재를 지지하는 결의안을 채택했다. 이 결의안에서 유럽의회는 북한 핵실험을 규탄하는 것과 함께 북한인권 상황의 지속적 악화에 깊은 우려를 표명하고 북한으로 하여금 인권개선에 나설 것을 적극적으로 촉구했다(2016/2521(RSP)).

한편 유럽연합은 정치군사적 문제와는 별개로 대북한 인권정책을 추진해왔음에도 불구하고 북핵 위기가 반복되면서 이 문제의 해결을 위해 유엔을 비롯한 다자주의적인 접근법에 보다 집중하고 있다. 특히 유럽연합은 북한의 실질적인 인권개선을 유도하기 위해 북한과의 대화에 무작정 매달리기보다는 유엔인권결의안 도출에 있어 중심적인 역할을 자임하고 있다.

2. 유엔인권결의안을 통한 인권정책

유럽연합은 북한 인권개선을 위해 국제사회의 다양한 행위들과의 협력해오고 있으며, 특히 일본과 함께 유엔총회의 대북인권결의안 채택을 주도해오고 있다. 유럽연합을 포함하여 많은 국가들이 북한인권 문제를 유엔에서 다루고 있는 것은 이 문제가 국제 정치에 참여하는 많은 행위자가 함께 노력해야하는 규범적이며 인도주의적인 사안이기 때문이다(이무성·박민중 2016, 321-322). 즉 유럽연합을 포함한 국제사회는 북한 주민들의 인권개선을 위한 북한 당국의 실질적인 조치가 이루어지기 위해서는 유엔 인권 메커니즘을 활용하는 것이 효과적이라고 판단하고 있다.

이렇게 추진된 북한인권결의안은 유엔총회(United Nations General Assembly: UNGA)에서 2005년 이후 2018년까지 14년 연속으로 채택되었다. 그 동안 유엔총회에서 채택된 북한인권결의안에는 북한인권 상황의 심각성에 대해 국제사회의 관심과 우려가 증가해오고 있다는 점이 자세하게 명기되어 있다(도경옥 2017, 9). 일례로 2016년 12월 19일 유엔총회에서 채택된 북한인권결의안(A/RES/71/202)에는 "북한에서 일어나고 있는 인권유린상황들에 대한 무책임감과 인권유린시 면책을 해주는 보편적인 문화로 인한 심각한 인권 상황에 깊은 우려를 표명"하는 가운데 "북한의 반인도주의적 범죄들로부터 자국민들을 보호해야 할 책임을 상기시키며, 또한 북한인권조사위원회가 인도주의에 반한 범죄를 예방하기 위해 북한의 지도자들에게 권고한 사항들과 가해자의 기소 및 사법처리의 보장을 상기"시키고 있다는 내용이 담겨있다.

또한 2017년에 채택된 북한인권결의안(A/72/439/Add.3)의 주요 항목과 내용은 기존 결의안과 마찬가지로 북한의 인권유린이 국가차원에서 자행되고 있다는 점을 명시해 인권탄압의 주된 책임을 사실상 김정은 위원장으로 지목했다.[3] 또한 2017년에 채택된 결의안에는 이산가족 상봉과 북한 억류자에 대한 합당한 조치를 요구하는 내용이 새롭게 추가됐다. 구체적으로 2015년 10월 이후 남북 이산가족상봉이 중단된 것에 대해 우려를 표명하는 가운데, "이산가족의 대다수가 고령이라는 점을 고려할 때, 이 사안은 매우 절박한 인도주의적인 관심"이 필요하다는 점을 지적했으며, 생사확인 · 서신교환 · 고향 방문 등의 조치가 이루어져야 한다는 점을 지적했다. 또한 북한 억류자에 대해서는 영사접견 · 생존확인 · 가족 연락 등의 합당한 조치가 필요하다는 점을 강조했다.

그러나 2018년에 채택된 북한인권결의안(A/C.3/73/L.40)은 큰 틀에서 기존의 결의안의 기조와 문구가 사실상 그대로 유지했지만, 남북정상회담과 북미정상회담을 통해 조성된 긍정적인 한반도 정세가 일정 부분 반영

---

3) 2017년 유엔 총회에서도 유엔안전보장이사회에 "가장 책임 있는 자" 제재와 국제형사재판소(ICC)회부를 촉구하는 내용이 4년 연속으로 담겼다. 이는 북한의 인권유린 책임자 처벌을 권고하면서 간접적으로 김정은 위원장을 지목한 셈이다.

됐다. 특히 북한 비핵화를 위해 진행 중인 외교적인 노력과 남북 이산가족 상봉재개를 환영한다는 내용이 담긴 것이 주목할 만하다. 그러나 2018년에 채택된 결의안에는 한반도 평화 분위기 속에도 여전히 "조직적이고 광범위하며 중대한 인권침해가 진행되고 있다"는 점을 분명히 했으며, 2014년 이래로 5년 연속 김정은 위원장을 사실상 북한 내에서 자행되고 있는 인권침해의 책임 있는 자로 지목했다.

지난 14년간 유엔 총회에서 연속적으로 채택된 북한인권결의안에서 우선적으로 짚어볼 부분은 결의안의 내용과는 별개로 실제 국제사회의 북한 인권유린상황에 대한 공통된 인식과 우려가 제대로 전달되고 있는가이다. 표결 상황의 측면에서 보면, 2005년 북한인권결의안이 처음 채택될 당시만 하더라도 88개국이 찬성한 것에서 2011년 123개국이 찬성하고 2012년과 2013년에 무투표 컨센선스(합의)로 채택되었고, 2014년에 다시 111개국, 2015년에 119개국이 찬성한 것에서 볼 수 있듯이 찬성국의 숫자가 비교적 꾸준히 증가되고 있는 것만은 분명해 보인다. 그러나 2012년과 2013년에 유엔총회에서 무투표 컨센서스(합의)로 북한인권결의안을 채택하다가 돌연 2014년에 북한인권결의안이 투표에 부쳐졌다는 것은 국가 간 이견 발생이 확실하므로 의사를 표시할 필요가 있었던 것으로 보인다(김진아 2015, 54-55).

물론 2016년 이후 다시 유엔총회에서 무투표 컨센서스(합의)로 북한인권결의안이 채택된 것은 분명히 국제사회가 북한 인권유린상황에 대한 공통적인 인식과 우려를 표명한 것으로 보인다. 또한 2016년 이후 유엔총회가 컨센서스(합의)로 북한인권결의안을 채택한 것은 북한의 잇따른 핵실험과 밀접한 관련성을 맺고 있는 것으로 판단된다. 이는 2016년 북한의 두

[표 1] 유엔총회 북한인권결의안(2005-2017)

회기	주도국가	표결결과		
		찬성	반대	기권
제60차 유엔총회(2005)	EU	88	21	60
제61차 유엔총회(2006)	EU, 미국, 일본	99	21	56
제62차 유엔총회(2007)	EU	97	23	60
제63차 유엔총회(2008)	EU, 일본	95	24	62
제64차 유엔총회(2009)	EU, 일본	96	19	65
제65차 유엔총회(2010)	EU, 일본	106	21	55
제66차 유엔총회(2011)	EU, 일본	123	16	51
제67차 유엔총회(2012)	EU, 일본	컨센서스(합의)결정		
제68차 유엔총회(2013)	EU, 일본			
제69차 유엔총회(2014)	EU, 일본	111	19	55
제70차 유엔총회(2015)	EU, 일본	119	19	48
제71차 유엔총회(2016)	EU, 일본	컨센서스(합의)결정		
제72차 유엔총회(2017)	EU, 일본			
제73차 유엔총회(2018)	EU, 일본			

출처: 외교부(최종 검색일: 2019/2/8)

차례 핵실험에 대응하여 유엔 안전보장이사회가 같은 해 3월과 11월에 채택한 대북제재 결의 제2270호와 제2321호에서 북한의 핵문제와 인권문제를 연계한 표현을 처음으로 포함시켰다는 것에서 어느 정도 유추해볼 수 있다(도경옥 2017, 10). 또한 2017년에 채택된 북한결의안(A/72/439/Add.3)에는 북한 핵과 미사일 도발에 대해 규탄하면서 북한 당국이 주민들의 복지 보다는 핵과 미사일 개발에 자금을 전용하는 것에 대해 비판하는 내용이 명시적으로 담겨 있다. 나아가 2018년 한반도 정세가 개선되고 있음에도 불구하고 유엔총회가 컨센서스(합의)로 북한인권결의안을 채택한 것은 북한의 인권상황에 대한 국제사회의 부정적인 여론과 밀접한 관련성을 맺고 있는 것으로 보인다.

다음으로 주목해서 살펴봐야 할 부분은 유엔총회에서 북한인권결의안 채택을 주도하고 있는 국가가 유럽연합과 일본이라는 사실이다. 특히 2005년 북한인권결의안이 처음 채택된 이래로 유럽연합은 14년 연속으로 결의안 채택을 주도해오고 있다. 유럽연합이 유엔차원의 북한인권결의안 채택을 주도해오고 있는 이유는 북한을 포함해 중국과 러시아의 반발을 고려해서 유럽연합과 일본이 공동제안국들의 의견을 반영해서 작성할 수밖에 없다는 데 있다. 또한 인권과 민주적 가치의 확산을 중시하는 유럽연합의 대외정책에서 볼 때 유럽연합이 이 문제를 주도하는 것이 타당하다고 할 수 있다(이규영 2003, 49).

마지막으로 유럽연합이 주도해오고 있는 유엔 북한인권결의안에서 주목해서 살펴볼 부분은 이 결의안이 실제 북한 인권개선에 효과가 있느냐의 문제이다. 사실 유엔 북한인권결의안은 그동안 선언적으로 이루어졌다는 평가가 지배적이었다. 그러나 2014년을 기점으로 유엔 인권결의안의 질적 변화가 이루어졌다. 구체적으로 2014년 2월 발표된 유엔 북한인권조사위원회(Commission of Inquiry on Human Rights in the Democratic People's Republic of Korea)는 북한 당국이 오랜 기간 광범하게 인권침해를 자행했다는 점을 지적했으며, 이에 대한 내용은 2014년과 2015년 유엔총회 인권결의안에 반영됐으며, 그 과정에서 북한인권 침해에 대한 책임규명 문제가 집중적으로 논의됐다(도경옥 2017, 19; 김진아 2015, 56).

2014년을 기점으로 북한인권 침해에 대한 책임규명과 대응방식의 내용은 2016년 12월에 채택된 북한인권결의안의 내용에도 거의 그대로 담겨 있다. 2016년 유엔 북한인권결의안 전문에는 "안전보장이사회가 북한인권조사위원회의 결론과 권고에 대해 지속적으로 적절한 행동을 취할것, 그리고 북한의 상황을 국제형상재판소에 제소할 것, 인권범죄에 대한책임소재를 분명히 하는 방안을 마련할 것, 또한 '인권조사위원회'가 규정한 반인도적 범죄행위들에 가장 큰 책임이 있는 자들에 대한 집중적인제재를 가하는 방안을 검토"할 것의 내용이 포함되어 있다(A/RES/71/202).

물론 유엔차원의 북한인권결의안의 법적 구속력은 미미하며, 실제 북한이 얼마나 이 결의안에 적극적으로 동참할지 여부 역시 불분명하다. 그러나 유엔을 중심으로 국제사회의 대북 인권제재와 압박이 심화되면서 이에 대해 북한이 정치적 부담을 느끼고 있는 것만은 분명해 보인다. 특히 2014년을 이래로 북한은 무시로 일관하던 것에서 벗어나 적극적으로 대응하는 등 과거와는 다른 태도를 보이고 있다. 대표적인 예로 2015년 10월 18일 북한 외무성 대변인은 조선중앙통신 기자와의 문답에서 "미국의 조종하에 유럽연합(EU)과 일본이 다시 반공화국 인권결의안 채택을 획책하면서 초안 작성을 위한 협상 놀음을 벌리고 있다"며 불편한 속내를 드러내는 가운데 "우리는 최근 유럽연합 인권담당 전권대표와 유엔 인권고등판무관을 초청 등 최대한의 성의를 보이고 있다"는 점을 강조했다. 또한 이문답에서 북한 외무성 대변인은 "EU는 합의된 전권대표 방문도 일방적으로 취소하면서 거짓말투성이 보고서를 들고 다니며 결의안 채택 놀음을 강행하고 있다"며 유럽연합에 대해 불편한 속내를 드러냈다(연합뉴스 2015/10/18).

뿐만 아니라, 북한은 체제유지에 큰 영향이 미치지 않는 범위 내에서 유엔차원의 대북 인권개선 요구를 수용하고 있다. 2016년 유엔 북한인권결의안 전문에는 "북한이 장애인권리협약, 아동매매·아동매춘 및 아동 포르노그라피에 관한 아동권리협약 선택의정서에 서명"한 것과 "북한정부가 세계보건기구(WHO)와 함께 자국의 보건증진과 유엔 아동기금(UNICEF)과 함께 아이들의 교육의 질을 높이기 위해 협력한 것"에 대해 감사한다는 내용이 포함되어 있다(A/RES/71/202). 이러한 내용을 통해 일정 부분 북한이 유엔차원의 대북 인권개선 요구를 수용하고 있다는 것을 확인할 수 있다. 물론 이러한 북한의 태도변화만으로는 유럽연합이 추구하는 인권규범이 북한에 내재화되었다고 보기는 어렵다. 이를 두고 박성은은 북한 당국이 "국제사회의 인권압박을 완화시키고 인권보장을 홍보하는 선전수단으로 활용하기 위하여 전략적으로 수용한 것"으로 보는 것이 보다 타당할 것이라고 설명했다(박성은 2014, 70).

이상에서 살펴본 바와 같이 유럽연합은 유엔이라는 다자주의 틀을 통해 자신들이 외재화하고자 하는 인권규범을 북한에 투영시키려는 노력을 계속적으로 해오고 있다. 특히 유럽연합은 북핵문제와 같은 정치적으로 민감한 문제가 불거졌음에도 불구하고, 핵문제와 인권문제를 일방적으로 연계하는 전략에 몰두하지 않았다. 이는 유럽연합이 북한인권문제 해결을 위해서 단기적인 성과보다는 장기적인 관점에서 과정 중심적인 접근법에 보다 집중하고 있기 때문이다(이무성·박민중 2016, 322-323).

그러나 유엔차원의 다자적 접근은 북한에 대한 인권제재 혹은 압박의 측면에서는 보다 효과적인 대안일 수 있지만(박성은 2014, 62-63), 이는 거꾸로 유럽연합과 북한 간 정치대화의 실효성을 약화시킬 수 있는 여지가 있다. 2016년 북한의 두 차례 핵실험 이후 유럽연합이 국제사회의 대북제재에 적극적인 참여를 한 것이 같은 해 양자 간 정치대화가 무산되는 주된 요인이었다는 점이 이를 보여주는 대표적인 예라고 할 수 있다. 그러나 최근 들어 북한 핵문제의 심각성이 커지면서 유럽연합 또한 북한 핵문제와 인권문제를 연계할 수밖에 없는 상황에 직면한 것으로 보인다.

3. 유럽의회 인권결의안을 통한 인권정책

유럽연합은 북한과의 수교를 준비할 때부터 인권문제를 매우 중요하게 고려했으며, 특히 양자 간 수교회담과정에서 인권문제는 매번 주요의제로 다루어졌다. 즉 유럽연합은 북한으로 하여금 안보와 인권 문제에 더욱 책임 있는 행동을 취하도록 지속적으로 압력을 가했으며, 인권개선을 수교 조건으로 제시했다. 물론 북한과의 수교를 준비하는 과정에서 북한인권문제를 다루는 것과 관련해서는 유럽연합 개별 국가 사이에는 적지 않은 견해차가 있었다. 그러나 이러한 입장차는 2000년 11월 20일 유럽이사회가 '대 북한 행동지침(EU Lines of Action Toward North Korea)'을 채택함으로써 일단락됐다. 이 행동조침에는 유럽연합과 북한이 수교를 맺기 위해서는 북한이 인권에 관한 유엔 협약들을 준수해야 한다는 점이 명시되어 있다 (허만호 2004, 6).

그러나 수교 이후에도 북한의 인권상황이 크게 개선되지 않자 유럽연합은 공식적이고 합법적인 틀에서 북한인권문제를 다루기 위해 유엔을 적극적으로 활용하기 시작했다. 이런 상황에서 재중 탈북자 기획망명 사건이 발생하게 되면서 북한인권문제는 국제적인 이슈로 부각되었으며, 이를 배경으로 2003년 제59차 유엔인권위원회에서 최초로 북한인권결의안이 채택되었다(박성은 2014, 68).

그런데 2003년 제59차 유엔인권위원회에서 북한인권결의안이 채택되기에 앞서 유럽의회는 자체 결의안을 통해 유엔인권결의안과는 별개로 유럽연합 차원의 북한 인권결의안 상정을 권고했다. 이 결의안에서 "유럽의회는 그간 북한과 여타 인권 유린 국가들에 대한 결의를 발기(sponsor)하든지, 공동발기 하라고 유럽연합에 요청했음에도 아무런 결의가 채택되지 않았다"는 점을 특별히 유념해야 하며, "유럽연합과 제3국간에 인권에 대한 논의가 있다는 사실이 유럽연합으로 하여금 그 나라의 인권상황에 대한 결의를 상정하거나, 다른 나라가 주도하는 것을 지지하는데 방해가 되지 않아야 된다"는 점을 분명하게 명시하고 있다(허만호 2004, 7에서 재인용).

이렇듯 유럽연합은 유엔국제인권레짐을 통해 북한인권결의안 채택에 앞서 북한의 열악한 인권을 개선하기 위해 유럽의회 차원에서 다각적인 노력을 전개했다. 이런 상황에서 유럽의회 차원의 첫 대북인권결의안은 유럽연합이 유엔총회에서 대북인권결의안을 주도한 것에 북한이 반발하면서 2005년에 양자 간 정치대화가 무산되면서, 그에 대한 대안으로 2006년 6월에 처음으로 채택됐다.

2006년 6월 유럽의회에서 채택된 첫 대북인권결의안에는 2004년 탈북한 동생 정훈씨를 중국에서 만나 북한 소식을 전해준 혐의로 북한에서 민족반역죄로 공개 총살될 위기에 처한 손정남씨의 생사확인과 사형집행 중단을 요구하는 내용이 담겨 있다. 동 결의안에서 유럽의회는 북한으로 하여금 사형 제도를 폐지하고 국제인권협약 준수를 요구하였으며, 주민들의 표현의 자유와 이동의 자유를 허용하고 기본권의 평화적 행사를 이유로

투옥된 모든 주민들을 석방할 것을 요구했다. 또한 이 결의안에는 최근 수십 년 내 납북된 남한 국민과 일본인에 대한 정보를 공개하고 중국 정부로 하여금 탈북자의 북송을 중단할 것을 촉구했다. 또 문타폰 유엔인권위원회 북한인권 특별 보고관의 북한 입국을 허용하고 종교의 자유를 허용하며, 식량배급과 관련해서 계층간 차별을 중단할 것을 북한 정부에 촉구했다(P6_TA(2006)0280).

유럽의회는 2006년 6월 첫 대북인권결의안을 채택한 지 4년 1개월만인 2010년 7월 8일에 두 번째 대북인권결의안을 채택했다. 이 결의안에는 2006년 결의안의 내용과 마찬가지로 북한 당국이 재판절차 없이 처형과 임의구금을 자행하고 있다는 내용과 북한 당국에 의해 납북된 남한 국민과 일본, 그리고 유럽연합 시민들의 문제가 해결되지 않고 있다는 점을 지적하는 가운데 이 문제의 해결을 위해 국제사회의 결단이 필요하다는 점이 명시되어 있다. 또한 이 결의안에는 위성사진과 다수의 탈북자들의 증언을 토대로 북한에 적어도 6곳의 수용소에 15만 명 이상의 정치범들이 구금되어 있다는 내용이 담겨 있다. 이에 유럽의회는 이 결의를 통해 북한 당국으로 하여금 즉각적이고 공개적으로 공개처형을 중단하고, 강제노동과 고문, 그리고 정치범 수용소의 운영을 멈출 것을 요구했다. 중국에 대해서도 수많은 탈북 여성들이 중국에서 인민매매와 강제결혼의 희생자가 되고 있으며, 중국 정부가 탈북자들의 강제 북송의 중단을 촉구했다(P7_TA(2010)0290).

유럽의회는 2006년과 2010년에 이어 2012년, 2014년, 2016년에도 대북인권결의안을 각각 채택했는데, 이 세 대북인권결의안에는 2006년과 2010년의 대북인권결의안의 내용이 거의 그대로 반영되어 있다. 즉 북한 당국에 의해 행해지는 인권 위반행위의 즉각적인 중단을 요구하고, 중국 정부로 하여금 탈북자의 강제 북송을 중단하고 중국내에 체류할 수 있는 권리와 법적인 보호를 하는 것이 필요하다는 내용이 공통적으로 담겨있다 (2012/2655(RSP); 2014/2696(RSP)). 다만 2016년에 채택된 대북인권결의안에서 북한의 제4차 핵실험을 규탄하는 가운데 북한에 대한 국제사회의 제재와 압박을 강력하게 지지한다고 밝혔다. 더욱이 이번 결의안은 북한의 제4차 핵실험에 대한 유엔 안보리의 대북 제재 결정이 이뤄지기 전에 나왔다는 점이 특기할 만하다. 이는 북한 핵과 미사일 문제가 심각해지면서 유럽연합의 대북한 인권정책이 핵문제와 (직)간접적으로 연계될 수밖에 없다는 것을 보여준다.

한편 유럽연합은 의회차원의 대북인권결의안 채택 이외에도 북한 인권 문제 해결을 위해 많은 노력을 경주해오고 있다. 대표적으로 유럽의회 인권소위원회는 북한 인권문제를 해결하기 위해 국제적인 협력을 도모하고 있으며, 이를 위해 워크샵과 청문회 등을 개최하고 있다. 일례로 2010년 4월 7일 유럽의회 인권소위원회가 마련한 청문회에서는 북한 정치범 수용소에서 탈출, 탈북한 탈북자로부터 북한 정치범 수용소에서 자행되는 인권 침해 실태를 고발한 바 있다(연합뉴스 2010/6/17; 2016/4/20).

이렇듯 유럽연합은 유엔국제인권레짐을 통한 북한 인권개선을 위한 노력과 함께 의회차원에서 북한의 열악한 인권상황을 고발하고 개선하기 위해 다양한 노력을 기울여오고 있다. 이는 규범세력으로서 유럽연합이 인권과 법치, 민주적 가치의 확산이라는 규범적 가치의 실현과 확산을 외교정책의 주요 목표로 상정하면서 이를 역내 국가들 사이에 내재화해오고 있다고 볼 수 있다. 그리고 이렇게 내재화된 규범을 북한에 외재화하고 있는 것이다.

IV. 유럽연합(EU)의 對 북한 인권정책의 특징과 한계

북한의 열악한 인권은 유럽연합에게 어떠한 의미를 갖는가? 북한의 열악한 인권은 인권과 민주적 가치의 확산이라는 유럽연합 대외정책의 근간에 정면으로 배치된다. 이는 유럽연합이 스스로를 규범세력으로 규정하고 있으며, 그 연장선에서 전 세계 모든 국가들에 보편적으로 적용 가능한 규범적 가치의 실현과 확산을 외교정책의 주요 목표로 상정하고 있기 때문이다(최진우 외 2016, 84−85). 이 점에서는 북한도 예외는 아니다. 즉 북한 당국으로부터 행해지는 광범한 인권침해는 규범세력으로서 유럽연합이 추구하는 핵심 가치와 전면적으로 배치된다는 점에서, 유럽연합은 북한 인권문제 해결을 위해 적극 나서고 있는 것이다.

또한 북한의 군사적 도발과 핵실험이 유럽연합의 운신의 폭을 줄이고 있지만, 유럽연합은 대북정책에서 대화와 관여가 갖는 유용성을 여전히 남겨두고 있다. 특히 대다수 유럽연합 국가들은 북한 인권상황 개선이 유럽연합의 대북정책에 있어서 중심적인 위치에 놓이는 것이 필요하다는 데에 상당한 공감대를 형성하고 있다(Zsuzsa Anna Ferenczy 2017, 4). 따라서 많은 한계가 있음에도 불구하고 유럽연합은 북한과 2014년까지 총 14차례 정치대화의 끈을 이어오고 있으며, 그 틀 내에서 북한 인권문제를 심도 있게 다루고 있는 것이다.

또한 앞서 살펴본 바와 같이 유럽연합은 국제적인 아젠다에서 북한 인권이슈가 부각될 수 있도록 많은 노력을 해오고 있다. 유럽연합은 양자차원에서 북한에 대한 인도적 지원과 정치대화의 틀 속에서 인권문제를 다루고 있으며, 유엔총회와 같은 다자적인 틀을 통해서 북한의 인권개선을 위한 압박을 해오고 있다. 유럽연합은 인권개선에 대한 북한 당국의 소극적인 태도를 지적하는 가운데 북한 당국으로 하여금 가시적인 인권개선 조치를 취할 것을 강력하게 요구하고 있는 것이다.

한편 유럽연합의 노력에도 불구하고 북한 당국은 인권개선을 위한 유럽연합의 요구에 소극적인 태도로 일관했다. 이에 유럽연합은 북한 인권문제를 유엔 등의 다자적인 틀을 통해 다루는 데 집중하기 시작했다. 그러나 북한 인권개선을 위한 유럽연합의 다자적인 해법모색은 거꾸로 유럽연합이 갖고 있는 대북 지렛대 효과를 반감시켰다. 사실 2016년 북한의 핵실험의 여파로 유럽연합과 북한 간 정치대화 개최가 무산되기 바로 전인 2015년만 하더라도 두 당사자는 정치대화에서 비확산, 지역안정과 안보, 인권문제 등을 포함해 상호관심사에 대해 매우 솔직하고 포괄적인 대화를 나누었다(Europa, European External Action Service 2015). 그러나 2016년 북한의 제4차 핵실험에 대해 유럽이 의회차원에서 비난성명을 발표하고, 국제사회의 대북제재와 압박에 동참하면서 양자 간 정치대화 개최가 무산됐다.

결국 북한 핵문제의 심각성이 보다 심화되면서 유럽연합 또한 북핵문제와 인권문제를 연계시키려고 하는 경향이 상대적으로 커졌으며, 2016년 북한의 두 차례 핵실험 강행으로 이러한 경향은 보다 가시적으로 나타났다. 앞서 간단하게 언급한 바와 같이 2016년 1월 6일 북한의 제4차 핵실험을 규탄하고 국제사회의 북한에 대한 비판과 제재를 지지하고 있는 유럽연합 차원의 대북 결의안의 내용에는 북핵문제와 인권문제가 상당한 정도로 연계되어 있음을 확인할 수 있다. 이 결의안을 통해 유럽연합은 북한의 제4차 핵실험을 강도 높게 비난하는 것과 함께 북한인권 상황의 지속적인 악화에 깊은 우려를 표명하고 북한으로 하여금 인권협약상의 의무를 이행할 것을 강하게 촉구했다.

또한 이 결의안을 통해 유럽연합은 북한 당국이 해외 노동자의 강제 노역을 통해 얻은 외화수입을 통해 정권유지에 필요한 자금을 확보하는 행위를 중단해야 한다고 주장했다. 이에 더해 이 결의안을 통해 유럽연합은 북한 노동자를 고용한 국가들로 하여금 북한 노동자의 노동권을 보호할 책임이 있다는 점을 분명하게 밝혔다. 그리고 무엇보다 이 결의안을 통해 유럽연합은 앞서 유럽의회가 채택한 인권결의안의 내용에서 확인할 수 있었던 중국의 역할, 즉 중국 정부가 유엔난민협약의 당사국으로서 탈북자의 망명 신청을 거부하거나 이들을 강제 북송하지 말고 이들의 일시적인 체류와 기본적으로 법적인 보호를 해야 한다는 점을 강력히 촉구했다 (2016/2521(RSP)). 말하자면 유럽연합은 북한인권문제 해결을 위해서는 북한만큼이나 중국정부의 역할이 중요하다는 점을 지적한 것이다.

V. 결론

이상에서 논의한 바와 같이 유럽연합은 북한 인권개선을 위해 양자차원, 다자차원, 그리고 유럽의회 차원에서 다각적인 노력을 해오고 있다. 그리고 최근까지 유럽연합은 여러 차례 북한의 인권개선이 유럽연합의 대북정책의 중심이라는 점을 밝혔다. 이러한 유럽연합의 대북한 인권정책은 장기적인 로드맵에 따라 추진되어오고 있다. 북핵문제와 미사일 문제의 해결과정에서 유럽연합은 미국의 역할을 보완하는 역할에 머물러 있지만, 인권문제와 관련해서는 유엔에서 미국과 여타 국제사회로 하여금 대북인권결의안 채택을 강력하게 촉구하는 등 적극적인 행보를 보이고 있다.

그러나 북핵문제가 심화되면서 유럽연합의 대북한 인권정책은 보다 강경한 입장으로 변화됐다. 일례로 유럽연합은 북한이 2013년 2월 제3차 핵실험을 강행한 이듬해인 2014년 「2014 세계 인권과 민주주의 연례보고서」에서 북한의 인권과 민주주의와 관련된 많은 부분이 매우 열악하다는 점을 강도 높게 비난했다. 또한 유럽연합은 일본과 공동 발의한 2017년 유엔총회 인권결의안에서도 북한 당국이 핵과 미사일 개발에 몰두하면서 주민들의 복지와 인권문제가 크게 후퇴하고 있다는 점을 분명하게 지적했다.

이렇듯 최근 유럽연합의 대북한 인권정책은 과거와 비교할 때 매우 강경한 입장으로 변했다. 그러나 유럽연합은 여전히 한편으로는 북한 당국이 핵과 미사일 개발에 집착하면서 북한 주민들의 복지와 인권문제가 후퇴하고 있다는 점을 지적하고 있지만, 다른 한편으로는 북한인권문제 그 자체에 초점을 맞추어서 북한 당국의 태도변화를 요구하고 있으며, 특히 북한 당국만이 아닌 중국정부의 역할이 중요하다는 점을 강조하고 있다.

한편 유럽연합의 대북한 인권정책의 효과는 가시적으로 나타나고 있지 않지만, 일정 부분에서 북한이 유럽연합의 북한 인권개선을 위한 노력에 호응하고 있는 것으로 보인다. 일례로 북한은 국제사회의 대북제재와 압박이 한참 진행되었던 2017년 11월 23일 로동신문에 죠나탄 포웰 국제중재기구 최고집행단을 단장으로 하는 유럽의 여러 정당출신 정치인대표단이 평양어린이식료품공장을 참관하는 장면을 실었다(로동신문 2017/11/23). 이는 북한 당국이 미국을 중심으로 국제사회의 제재와 압박이 진행되는 상황에서도 북한 주민들의 식량권 같은 인권문제에 유럽연합이 관심을 갖고 있다는 점에 고마움을 표한 대표적인 사례라 할 수 있다.

　마지막으로 유럽연합이 북한인권문제를 유엔 등 다자간의 틀과 연계시키면서 유럽연합과 북한간의 양자관계가 훼손되고 있다는 점은 면밀한 검토가 필요하다. 2016년 2월 4일 조선중앙통신은 부른디정부 대변인이 당시 유럽의회가 부룬디의 인권실태와 관련한 보고서를 발표한 것을 배격하는 기사를 게재했다(조선중앙통신 2017/2/4/). 이는 북한이 부른디정부의 사례를 거론하는 가운데 2016년 1월 21일에 채택된 유럽의회 대북 인권결의안에 대해 간접적으로 불편한 속내를 드러낸 것으로 해석된다. 유럽연합에 대한 직접적인 비난은 아니었지만, 북한은 유럽연합의 대북 인권정책에 대해 불편한 속내를 드러냈으며, 이는 유럽연합의 대북 인권정책이 강경해지는 것에 대한 대응형식으로 이루어진 것으로 보인다.

참고문헌

김남국. 2007. "유럽연합(EU)의 인권정책: 난민, 정책 그리고 정체성." 『EU학연구』 제 12권 2호, 2－38.

김진아. 2015. "2014년 유엔총회 북한인권 결의를 통해 본 유엔인권메커니즘 동학에 관한 연구: 그 함의와 전망을 중심으로." 『국방정책연구』 제31권 제1호, 49－83.

도경옥. 2017. "유엔 총회의 2016 북한인권결의 채택." 『정세와 정책』(1월호).

박채복. 2006. "유럽연합의 대북한 인권정책." 『한·독사회과학논총』 16권 1호, 141－164.

박채복. 2007. "EU의 대북 인권외교: 북핵문제의 평화적 해결과 인권문제의 연계." 『한국동북아논총』 42권, 199－219.

박성은. 2014. "규범확산 메커니즘에 관한 연구: EU의 대북한 인권정책을 중심으로." 『국제정치논총』 54권 2호, 47－80.

이규영. 2003. "유럽연합의 대북한인권정책." 『한·독사회과학논총』 13권 2호, 27－56.

이무성·박민중. 2016. "유럽연합의 대북한 정책: 안보문제화, 규범, 그리고 외재화." 『유럽연구』 34권 3호, 303－329.

이선필. 2009. "유럽연합의 대북한 정책에서 인권정책의 의미와 역할." 『국제지역연구』 13권 2호, 261－281.

이정훈. 2016. "북한인권 실태와 국제사회의 반응." 『연세춘추』(9/24).

최의철. 2005. 『유럽연합(EU)의 대북 인권정책과 북한의 대응』. 서울: 통일연구원.

최진우·김새미. 2016. "가치의 구현과 이익의 실현: '규범적 유럽'과 '북핵 문제." 『국제관계연구』 21권 1호, 65－94.

한국개발연구원. 2001. "KDI 북한경제리뷰." (7월호).

황기식·김현정. 2011. "유럽연합의 북한 인권의 인식과 동향." 『국제정치연구』 14권 2호, 359－388.

허만호. 2004. "유럽연합의 대 북한 인권정책과 유엔 인권위원회의 대북결의 채택." 『대한정치학회보』 12권 2호, 1－30.

Boesen. Jakob Kirkemann & Tomas Martin. 2007. *Applying a Rights—Based Approach: An Inspiration Guide for Civil Society*. Copenhagen: The Danish Institute for Human Rights.

Council of the European Union. 2015. "EU Annual Report on Human Rights and Democracy in the World in 2014." Luxembourg. (22 June).

Europa, European External Action Service. 2016. "DPRK and the EU." (26 June).

Europa, European External Action Service. 2015. "EU—DPRK Political Dialogue-14the Session." Bruxelles. (25 June).

European Parliament. 2006. "North Korea: Human Rights Violations, European Parliament resolution on North Korea(P6_TA(2006)0280)." (15 June).

European Parliament. 2010. "European Parliament resolution of 8 July 2010 on North Korea(P7_TA(2010)0290)." (8 July).

European Parliament. 2012. "European Parliament resolution on the situation of North Korean refugees(2012/2655(RSP))." (22 May).

European Parliament. 2014. "European Parliament of 17 April 2014 on the situation in North Korea(2014/2696(RSP))." (17 April).

European Parliament. 2016. "European Parliament resolution of 21 January on North Korea (2016/2521(RSP))." (21 January).

Ferenczy, Zsuzsa Anna. 2017. "The European Union's engagement policy towards North Korea." Paper presented at the "International Literature & Human Rights Conference." in Seoul on 29 March 2017.

Hyde—Price, Adrian. 2006. "'Normative' Power Europe: a Realist Critique," *Journal of European Public Policy* 13(2): 217—234.

Kowert, Paul and Jeffrey Legro. 1996. "Norms, Identity, and Their Limits: A Theoretical Reprise." Peter J, Katzenstein (eds). *The Culture of National Security: Norms and Identity in World Politics*: 451—497. New York: Columbia University Press.

Majtenyi, Balazs., Lorena Sosa, and Alexander Timmer. 2016. "Human rights concepts in EU Humans Rights Dialogues." *Deliverable*, 3, 5.

Manners, Ian. 2002. "Normative Power Europe: A Contradiction in Term?," *Journal of Common Market Studies* 40(2): 235—258.

Manners, Ian. 2009. "The Concept of Normative Power in World Politics." *DIIS Brief.* (May).

United Nations General Assembly. 2017. "Situation of human rights in the Democratic People's Republic of Korea(A/RES/71/202)." (26 January).

United Nations General Assembly. 2018. "Situation of human rights in the Democratic People's Republic of Korea(A/RES/72/188)." (19 January).

United Nations General Assembly. 2018. "Situation of human rights in the Democratic People's Republic of Korea(A/C.3/73/L.40)." (31 October).

로동신문. 2017/11/23. "유럽의 여러 정당출신 정치인대표단 평양어린이식료품공장 참관."

연합뉴스. 2010/6/17. "유럽의회 의원, 본회의서 北 인권침해 비난."

연합뉴스. 2015/10/18. "북한, 국제형사재판소 회부 재추진에 반발 …'초강경 대응'."

연합뉴스. 2016/4/20. "북한 인권문제에 국제사회 행동 나설때…다양한 처벌 모색해야."

조선중앙통신. 2017/2/4. "유럽의회의 인권보고서 배격."

RFA. 2018/3/2. "EU, 평창 후에도 '대북 정치대화 재개 안 해'."

제 4 장

유럽연합(EU)의 대북 인도적 지원

차승주(평화나눔연구소)

I. 들어가며

유럽연합 차원의 직접적인 대북 지원은 1995년 홍수로 피해를 입은 북한에 집행위원회 산하 인도지원 사무소(ECHO: European Commission Humanitarian Aid Office)[1]가 인도적 지원을 제공하고, 한반도에너지개발기구(KEDO: Korean Peninsula Energy Development Organization)에 참여하면서 본격적으로 시작되었다. 이 시기에 유럽연합과 북한 사이에는 공식적인 대화 채널이나 외교관계가 형성되지 않은 상태였다. 따라서 북한에 대한 유럽연합의 인도적 지원사업은 정치적 이유에서 시작된 것은 아니었다(이종서 2008, 195). 이후 유럽연합의 대북 인도적 지원은 다양한 방식으로 진행되고 있는데, 크게 식량 구호, 의약품 및 식수 지원, 상하수도 설비 지원, 농업재건 및 산림조성을 위한 지원, 교육 프로그램 지원 등을 중심으

---

1) ECHO는 유럽연합의 원조를 보다 효과적이고 인도주의적으로 시행하기 위한 목적으로 1992년에 설립되었다. 현재 ECHO의 공식 명칭은 'Directorate – General for European Civil Protection and Humanitarian Aid Operations'로 변경되었지만 약자는 ECHO로 유지하고 있다.

로 이루어지고 있다. 지원 초기에는 주로 단순한 식량지원을 포함한 긴급 구제 방식으로 지원이 이루어졌으나, 점차 북한이 처한 경제위기의 근본적인 원인을 치유하고 개선방안을 모색하는 방식으로 전환하였다.

유럽연합의 대북 지원은 저개발국의 빈곤퇴치와 경제발전을 위한 지원 프로그램의 일환으로 추진되고 있다. 여기에는 식량지원과 농업회복, 경제개혁을 위한 인프라 구축을 위한 지원 그리고 인도주의적 지원 등이 포함된다. 또한 인도적 지원을 정치적 문제와 분리하는 것을 기본원칙으로 유지하고 있다. 이처럼 유럽연합은 북한과의 관계에서 그동안 미국이나 한국이 중시해 온 정치적인 입장에서 벗어나 인도적 지원을 중심으로 북한 인권의 향상과 정치적 민주주의 발전에 중점을 두었고, 이러한 방향에 따라 북한과의 대화와 협상을 적극적이고 일관성 있게 진행해온 결과 북한에 대한 독자적인 영향력을 유지해 왔다. 이는 한반도 문제에서 유럽연합이 긍정적인 중재자 내지는 촉진자가 될 수 있다는 기대를 갖게 한다(박지원 2015, 15-16). 이러한 이유로 유럽연합은 한반도 평화정착의 과정에서 이미 하나의 단순 행위자를 넘어 당사자로서의 지위를 확보하고 있는 상황이다(송태수 2009, 105).

이를 통해 유럽연합과 북한과의 관계가 한반도 평화정착에 영향력 있는 변수로 작용할 수 있음을 예상할 수 있다. 또한 향후 남북관계 개선과 다양한 분야에서의 남북 교류협력 과정에서 그동안 축적된 북한과의 사업 경험을 바탕으로 유럽연합이 유의미한 역할을 할 것이라 기대할 수 있다. 이러한 이유로 본 장에서는 유럽연합과 북한의 관계, 유럽연합의 대북 정책을 인도적 지원의 측면에서 살펴보고 유럽연합의 대북 인도적 지원 사례가 한반도에 주는 시사점을 도출해 보고자 한다.

II. 유럽연합(EU)의 대북 인도적 지원정책

1. 유럽연합 대외 인도적 지원의 특성

유럽연합의 인도적 지원정책은 정치적 갈등요소를 인도적 지원을 통해 감소시키고 유럽연합 공동체가 지향하는 규범과 가치인 인권의 중요성을 알림으로써 국제사회에 인권의 가치를 확산시키는데 주된 목적이 있다 (Helen Versluys 2008, 208). 유럽의 대외 원조의 시발점은 과거 유럽의 식민지 경영으로부터 시작되었다고 볼 수 있다. 식민지 국가에 학교, 병원과 같은 기반시설을 지원하였던 경험을 바탕으로 유럽의 국가들은 다른 원조 공여국과 달리 원조가 필요한 지원국에 대한 독자적인 원조 프로그램을 개발하고 진행하는 데 필요한 정보를 축적하였다(이종서 2010, 109–110).

대외 원조를 실시하는 데 있어서 이와 같이 축적된 경험에 더해 관련 정책 및 사업을 수행하는 데 필요한 법적 기반은 1993년 유럽연합의 탄생으로 마련되었다. 1993년 발효된 마스트리히트조약은 "개발협력정책의 목표는 개도국의 지속적인 경제·사회적 개발을 촉진하고 세계 경제에 개도국을 점진적이고 조화롭게 통합하는 것이며 개도국의 빈곤문제를 해결하는 것이다"라고 명시하였다. 이에 따라 유럽연합은 세계 최대의 공여국으로서 역할을 할 수 있는 법적인 기반을 갖추게 되었다(이무성·박민중 2016, 109–111).

1990년대 유럽연합의 원조는 대부분 중동유럽 국가들의 유럽연합 가입에 대비하여 조화로운 발전이라는 유럽연합의 목표에 따라 중동유럽의 신생 회원국들이 민주주의를 확립하고 필요한 인프라를 구축할 수 있도록 원조를 제공하는 데 중점을 두고 이루어졌다. 1990년대 중반 이후 유럽연합의 대외 원조는 발칸반도, 팔레스타인, 북한, 파키스탄 등의 분쟁지역으로 확대되었다(이종서 2010, 110-111).

분쟁이나 자연재해로 인해 긴급한 구호가 요구되는 지역에 대한 인도적 지원은 ECHO(Directorate-General for European Civil Protection and Humanitarian Aid Operations)가 담당한다. ECHO는 생명을 구하여 보존하고 인간의 고통을 예방하고 완화시키며, 자연재해와 인위적인 위기에 의해 영향을 받는 사람들의 고결함과 존엄성을 보호하기 위하여 1992년에 설립되었다. ECHO의 주된 임무는 유럽연합 밖에서 발생한 자연재해 또는 인재의 희생자들에게 재화와 서비스의 형태로 긴급구호 및 구제를 제공하는 것이다. ECHO의 인도주의적 조치는 국제법과 인간애(humanity), 중립성(neutrality), 공정성(impartiality), 독립성(independence)이라는 인도주의적 원칙2)에 근거하여 이루어지고 있다.

ECHO의 인도적 지원은 식량, 재난 구호, 의료, 위생 등과 같은 항목을 중심으로 이루어지고 있는데, 긴급지원이 필요한 곳에는 ECHO에 비축된 긴급 지원물품을 최단시간 안에 지원한다. 인도주의 지원이 필요한 해당

---

2) 인간애(Humanity)는 인간의 고통이 발견되는 모든 곳에서, 특히 가장 취약한 계층에게 특별한 주의를 기울여서 인간의 고통을 해결해야 한다는 것을 의미한다. 중립성(Neutrality)은 인도주의적 지원이 무력 충돌이나 다른 분쟁에서 어느 한쪽을 편 들거나 유리하게 하지 않는다는 의미이다. 공정성(Impartiality)은 인도주의적 지원이 어떠한 종류의 차별 없이 오직 필요에 따라서만 제공되어야 한다는 것을 의미한다. 독립성(Independence)은 정치적, 경제적, 군사적 또는 그 밖의 어떤 목적으로부터도 인도주의적 목표가 자율성을 지님을 의미한다.

지역에 대해서는 긴급 보고서를 작성하여 유럽회원국에 긴급호소절차를 통하여 더 많은 지원을 요청한다. ECHO는 200개가 넘는 많은 NGO 단체들, UN 기관과 국제적십자사와 같은 국제기구들과의 협력을 통해 보다 넓은 범위에서 인도적 지원을 해오고 있다. 주로 이들 단체의 원조제안을 평가하여 자금 지원을 하고 있으며 그 밖에도 각 국가에 현장사무소를 설치하여 인도적 지원 정책이 발전할 수 있도록 기술 지원을 제공하는 한편, 적절한 모니터링을 통해 지원 결과가 유럽연합이 요구하는 투명성 기준에 부합하는지 확인함으로써 인도주의가 제대로 실현될 수 있도록 지원하고 있다(박지원 2015, 17).

한편, 유럽연합은 2000년에 대외 원조 정책을 대대적으로 개혁하게 되는데 특히 중요한 이정표는 2001년에 유럽연합 원조협력청 외부 협력사무소(EuropeAid external cooperation office)를 설립한 것이다. 그 밖에 이때 개정된 계획안의 주요 내용을 살펴보면 다음과 같다. 첫째, 대외 원조 정책을 효율적으로 시행하기 위해 집행위원회에 집중되어 있던 대외 원조 관리의 권한을 63개 대표부로 분산하여 수혜지역에서의 원조 실행과정을 현지 대표부가 관리하도록 하였다. 둘째, 더 많은 비구속성 원조(untied aid)를 제공함으로써 원조의 질을 높였다. 셋째, 2001년 1월 1일에 신설된 대외 원조 전담 수행기구인 유럽연합 원조협력청(EuropeAid)이 관련 프로젝트의 발굴에서 확인, 시행과 평가에 이르기까지 대외 원조 사업 전반을 총괄적으로 담당하게 되었다. 넷째, 대외 원조의 수준을 질적으로 향상하기 위해서 수혜 국가별로 전략보고서(Country Strategic Paper)를 작성하여 대외 원조의 질적 향상을 도모하였다(European Commission 2009, 3-51, 이무성 2016, 111에서 재인용).

또한, 2005년 프랑스와 네덜란드의 국민투표에서 부결된 유럽연합 헌법을 대체하기 위해 마련된 개정조약인 리스본 조약이 2009년 12월에 발효된 이후 유럽연합의 인도주의적 지원 활동은 유럽연합 기능조약 제214조(국제환경규제 기업지원센터 2010, 195)[3]에 의해 결정되고 있다. 제214조에 규정된 대로, 인도주의 지원 분야에서 유럽연합의 활동은 자연재해 또는 인재의 희생자인 제3국 사람들에게 임시 지원과 구제를 제공하기 위해 이루어지고 있다.

이와 같은 방향에서 이루어지고 있는 유럽연합의 대외 원조는 유럽연합 대외협력위원회(EU External Relations Committee)와 개발위원회(Development Committee)를 중심으로 상주대표부의 도움을 받아 작성된 수혜국가에 대한 전략보고서와 원조실행 보고서를 집행위원회에 제출하는 과정을 거쳐 이루어진다. 수혜국가에 대한 전략보고서와 원조실행 보고서가 유럽연합 집행이사회의 승인을 받으면 유럽연합 원조협력청(EuropeAid)을 중심으로 해당 수혜국가에 본격적인 지원을 실시하게 된다. 수혜국가에 원조자원이 전달되고 원조가 수행되는 과정은 수혜국가에 상주하고 있는 유럽연

---

3) <리스본조약> 제3장 인도적 지원
   제214조
   1. 인도적 지원 분야에서 연합의 활동은 연합의 대외적 행동 원칙 및 목표의 범위 내에서 실시된다. 이 조치는 자연재해 또는 인위적 재해에서 제3국 주민에게 이 곤란한 상황으로부터 발생하는 인도적 욕구를 만족시킬 수 있도록 원조, 구원 및 보호를 확실하게 부여하는 데 기여한다. 연합 및 회원국의 조치는 상호 보완되고 강화된다.
   2. 인도적 지원 조치는 국제법의 원칙, 나아가 공평성, 중립성 및 무차별원칙에 따라 실시된다.
   3. 유럽의회 및 이사회는 보통입법절차에 따라 연합의 인도적 지원조치를 실시하는 구조를 결정하기 위한 조치를 정한다.

합 대표부가 주기적인 평가보고서를 작성함으로써 관리한다. 평가보고서는 매년 실시되는 정기적인 감사를 거쳐 투명성을 확인받은 후에 다음해 사업에 반영된다. 평가보고서는 또한 감사보고서와 함께 외부의 독립된 민간 기업에 맡겨져 재검토를 받은 후에 유럽연합 원조협력청에 제출된다(이무성·박민중 2016, 111－112).

한편, 2011년 1월 1일에 유럽연합 원조협력청 협력사무소(EuropeAid Cooperation Office, AIDCO)는 아프리카와 카리브해 및 태평양 연안 국가들과의 관계와 개발협력 사업을 담당하는 총국과 합병되어 개발협력－유럽연합 원조협력청(Development and Cooperation EuropeAid)이 만들어진다. 그리고 이 기구는 2015년 1월 1일에 현재 유럽연합의 대외 개발지원을 총괄하는 기구인 개발협력총국(Directorate－General for International Cooperation and Development, DG DEVCO)이 된다. 유럽연합 집행위원회의 개발협력총국(DG DEVCO)은 유럽의 국제협력과 개발정책을 설계하고 전 세계에 원조를 제공하는 책임을 맡고 있다. 개발협력총국(DG DEVCO)은 세계의 빈곤을 줄이고 경제적·사회적·환경적으로 지속가능한 개발을 보장하며 민주주의, 법치주의, 좋은 통치 및 인권 존중을 촉진시키기 위해 광범위한 협력자들의 전문성을 활용하여 유럽연합의 원조를 제공하고 있다(European Commission).

이러한 제도와 절차에 따라 이루어지는 유럽연합의 대외 원조는 국제기구와 유럽연합 회원국 소속 NGO 등을 통해 주로 농촌개발사업, 교육, 의료 등에 집중되며 대개의 경우 특정 프로그램에 전문적인 경험을 비축한 NGO가 유럽연합의 지원을 받아 수혜가 가장 필요한 지역에서 활동을 펼치게 된다. 예를 들면 독일 NGO를 통해 이루어지는 평안북도 농자재 지원, 프랑스 NGO의 병원운영 사업 등과 같이 교육, 의료, 취로사업 등의 분야별로 해당 NGO의 성격과 지역의 특성에 따른 맞춤형 지원활동이 이루어진다(이종서 2010, 112).

유럽연합의 대외 원조는 또한 장기간에 걸친 원조 경험을 토대로 수혜국에 가장 필요한 원조를 제공한다는 평가를 받고 있는데, 특히 대규모의 물량지원이나 건설사업 등과 같은 선심성 사업보다는 현지 상황에 적합한 맞춤형 프로그램을 다양한 방식으로 제공하는 것이 특징이다. 현재 유럽연합의 대북 지원 역시 교육, 의료, 취로사업 등을 중심으로 평양 지역보다는 수혜가 가장 필요한 평안남북도 지역에 집중되어 실시되고 있다(이무성·박민중 2016, 119).

2. 대북 인도적 지원의 방식과 전개

유럽연합의 대북 인도적 지원정책은 1994년 유럽연합 집행위원회에서 채택한 '신아시아 전략(Towards a New Asia Strategy)'의 일환으로 파악할 필요가 있는데, 이 전략의 구체적 목표는 다음과 같다. 첫째, 유럽연합은 세계경제에서 주도적 역할을 유지하기 위해 아시아 지역에서 유럽연합의 경제적 비중을 강화한다. 둘째, 아시아 지역의 정치안정을 도모한다. 셋째, 아시아 빈국들의 경제발전을 돕는다. 넷째, 아시아에서의 민주주의와 법치의 발전, 그리고 인권존중의 원칙 수립 등이었다. 유럽연합은 '신아시아 전략'을 통해 정치·경제적으로 성장하고 있는 아시아와 새로운 관계를 정립하고, 새로운 지역 안보에 대한 유럽연합의 역할을 설정하고자 하였다. 또한 아시아 지역의 안정성과 민주주의를 공고하게 구축하고 법치와 인권의 확립을 고무함으로써 유럽연합의 가치를 간접적으로 확인하는 한편, 아시아 빈곤 지역에 대한 인도적 차원의 지원을 통하여 유럽연합의 외교적 이미지를 제고하였다(이종서 2008, 197-200).

이러한 전략과의 연계 속에서 1995년 북한이 홍수피해로 국제사회에 처음으로 인도적 지원을 요청하자, 유럽연합은 인도적 차원에서 ECHO 지원 프로그램을 시작하였다. 이 프로그램의 목적은 ECHO가 적십자를 통해 북한 어린이와 노약자 그리고 의료기관들에게 깨끗한 물과 약품을 제공하고 겨울 의류 등을 지원하는 한편, 공중 및 개인위생을 개선하는 것이었다. 이러한 유럽연합의 대북 지원은 1995-1996년 홍수와 1997년 가뭄으로 인한 피해를 복구하기 위한 것이었다. 그러나 유럽연합은 단순한 식량지원에 머물지 않고 차츰 비료공급, 협동농장 실험 실시, 농업기술 지원을 강화하였다. 북한 농업의 구조를 개혁해 농업생산성을 향상시키기 위한 차원으로 전환한 것이다. 이는 식량원조와 같은 긴급 구제에서 북한이 처한 경제위기의 근본 원인을 치유하고 개선방안을 모색하는 장기적인 관점으로 변화하였음을 의미한다. 북한이 겪는 식량위기가 단순히 홍수나 가뭄에 의한 것이 아니라 북한체제의 구조적 문제와 정책적 문제에 기인한다고 보았기 때문이었다(김성형 2008, 75-76).

이에 2000년 10월과 11월 두 차례의 유럽이사회 회의 결과를 토대로 집행위원회는 두 가지 측면에서 대북 지원사업을 강화하는 방안을 강구하였다. 첫째는 북한상품에 대해 유럽시장의 개방을 확대함으로써 북한의 수출산업을 도와주는 것이었다. 둘째는 기술지원을 제공하는 방안으로 단순한 인도주의적 원조로부터 개발원조로의 방향전환을 모색하였다. 이를 위한 우선사업 분야로는 첫째, 제도수립과 관련된 교육훈련, 둘째, 에너지 산업부분의 재건, 셋째, 농촌 발전, 넷째, 운송부분의 개혁 등이 선정되었다.

이어서 2002년 2월에 발간된 유럽연합-북한(협력) 『국가전략보고서』 (The EC-DPRK Country Strategy Paper 2001-2004)와 그 후속조치에 해당하는 「National Indicative Programme 2002-2004 DPRK(NIP)」를 통해 유럽연합의 북한에 대한 경제 및 기술지원의 목적과 전략적 틀을 제시하였다 (이종서 2008, 196-197). 기본적으로 『국가전략보고서』와 「NIP」가 추구하는 바는 당시 급진전되고 있던 남북한 화해 분위기를 지원하는 동시에 유럽연합이 주시하고 있던 북한의 인권문제, 핵문제 및 경제구조개혁 등의 문제에 있어서 북한의 긍정적인 변화를 유도하기 위한 것이라고 할 수 있다. 이러한 기본구상에 따라 첫째, 제도적 지원과 역량 제고, 둘째, 천연자원과 환경의 지속가능한 방식의 보존·관리 및 활용, 셋째, 안정적인 수송체계 및 지속가능한 농촌개발, 그리고 주민의 건강증진이 우선적으로 추진해야 할 정책 분야로 제시되고 있다(송태수 2009, 93-94).

북한에 대한 유럽연합의 인도적 지원을 시기별로 다시 정리해 보면, 유럽연합은 1995년부터 1997년까지는 긴급구호 형식으로 식량, 비상의약품 등을 지원하였고, 1997년부터는 자력으로 식량을 지원할 수 있게 하는 '식량안보'의 틀 속에서 농업장비와 비료지원 등의 프로그램을 추진하였다. 2003년 이후에는 지역사회 개발을 위한 지원 프로그램인 유럽연합 지원계획(EUPSE: European Union Program Support)을 중심으로 북한에 상주하는 5개 및 그 외 1개의 유럽 비정부기구들을 통해 대북지원 사업을 전개했다. 또한 2006년에 「유럽연합 지원계획」을 수립하고 6개의 비정부기구를 통해 농업, 의료, 에너지를 중심으로 북한 개발지원 사업을 진행해왔다(이규창 외 2013, 147-148).

한편 유럽연합은 공동체 차원에서 뿐만 아니라 유럽연합 내부의 개별 회원국 차원에서도 북한에 대한 인도주의적 지원정책을 지속적으로 집행해왔다(황기식·김현정 2011, 360). 다루기 어려운 사안은 유엔 등의 국제기구에 상정하고 국제 이슈화하여 관심을 이끌어내고, 국제사회의 협력을 요청하는 등 적극적인 태도로 북한에 인도적 지원을 해오고 있다(박지원 2015, 14). 특히 1998년부터는 원조의 효율성과 질을 향상시키기 위한 노력의 일환으로 유럽연합 집행위원회가 이의 수송과 전달을 담당함으로써 대북지원의 창구역할을 수행하고 있다. 유럽연합 집행위원회는 또한 1993년에 회원국과의 원조사업을 조정하기 위한 가이드라인을 수립하였고, 1997년에는 모든 공적 원조에 대해 조정기능을 강화하는 원칙을 채택하였다. 이에 1998년 2월부터 진행되는 유럽연합 개발협력 사업에는 공식적으로 원조조정(aid coordination) 가이드라인이 적용되고 있으며, 이에 따라 원조활동의 내용, 방향 및 방식 등 관련한 기본원칙을 정하고 있다(송태수 2009, 92−93).[4]

그런데 유럽연합은 2008년 5월에 북한이 더 이상 인도적 위기상황이 아니라고 평가해 1997년에 평양사무소를 개설한 뒤 상주 직원을 근무시키면

---

4) 이 기본원칙을 구체적으로 살펴보면 다음과 같다. 첫째, 원조조정 활동은 수원국의 상황과 개발이 우선적으로 필요로 하는 분야에 이루어진다. 둘째, 원조조정은 수원국과 긴밀한 협조를 바탕으로 이행되어야 한다. 셋째, 수원국의 개발능력을 강화하고 수립된 발전전략과 프로그램에 대한 책임을 강화할 수 있는 방식으로 진행한다. 넷째, EU의 원조조정은 수원국에서 이미 활동하고 있는 원조기관의 기존 협력 메커니즘과 연계하는 방식으로 추진한다. 다섯째, 유럽에서 지원되는 물자 및 서비스를 조정기능에 의해 통합될 수 있도록 하고, EU 집행위가 설정한 원조조정 가이드라인과 일치하는 방향으로 지원한다. 여섯째, 수원국을 위한 원조의 효과를 최대한 증대시키는 방향으로 지원한다.

서 북한에 제공되는 유럽연합의 인도적 지원 활동을 조정하고 감시 감독하는 역할을 수행해 온 ECHO 평양사무소를 폐쇄하고 직원들을 철수시켰다(데일리NK 2008/4/29). 또한 식량 전용을 막기 위한 감독 방법을 둘러싼 북한과의 마찰로 식량지원을 중단했다(동아일보 2011/7/5). 이후 유럽연합의 대북 인도적 지원은 유럽연합 원조협력청(EuropeAid)이 ECHO의 조직과 업무를 이어받아 진행하게 된다(박지원 2015, 19). ECHO가 유럽연합의 인도주의 원조에 주력한 반면에, 유럽연합 원조협력청(EuropeAid)은 북한의 장기적인 개발 협력에 보다 중점을 두고 있다. 이러한 이유로 유럽연합은 2008년 이후 대규모 인도주의적 지원을 하지 않고 농업 분야 등에 대한 개발 지원에 주력하였다(노컷뉴스 2012/2/22).

또한, 다자지원과 양자지원을 병행하는 방식을 취해왔으며 다른 국가들에 비해 상대적으로 개발지원(Kathi Zellweger 2005, 임을출 2008, 9에서 재인용)의 성격이 강하다는 것이 유럽연합의 대북 지원방식이 가지는 특징이라고 볼 수 있다. 유럽연합의 지원은 북한 내 유럽연합 회원국 기반의 NGO 종사자들과 국제적십자사, WFP, UNESCO, WTO 등의 국제기구들을 통해 이루어졌으며, 유럽연합이나 국가 차원보다는 유럽의 NGO 차원에서 추진되는 다양한 역량 강화 프로그램을 중심으로 진행되고 있다.

특히 2008년 이후로 유럽연합의 대북 지원은 식량안보 및 능력배양을 위한 지원사업을 중심으로 이루어지고 있는데, 유럽연합의 대북 식량사업은 식량 자체를 공급하는 사업이 아니라 종자나 농업기술 개발전략으로서 단기적인 긴급구호가 아닌 중·장기적 개발사업에 비중을 두고 있다(이규창 외 2013, 148-150). 이런 점에서 유럽연합의 대북 지원은 인도적 차원의 지원이라고 명명하고 있으나 실제로는 개발협력 차원의 성격을 가지고 있다(임을출 2008, 9-10). 이에 현재 유럽연합의 대북 개발 및 인도지원 업무를 총괄하고 있는 기관은 개발협력총국(DEVCO)인데, 실제 지원은 개발협력총국과 직접 지원사업 계약을 체결한 유럽연합 NGO들을 통해서 이루어지고 있다.

III. 유럽연합(EU)의 대북 인도적 지원 현황

1. 유럽연합 및 국제기구 차원의 대북 인도적 지원

유럽연합은 1995년에 이루어진 18만 달러의 대북 지원을 시작으로 1996년, 2012년, 2014년, 2017년을 제외하고는 매년 북한에 지원을 실시해 왔다. 2013년까지 지원된 약 4억 5,341만 달러는 모두 무상으로 제공되었는데, 총 지원액을 기준으로 보았을 때 단일 공여국 및 공여기관을 모두 합하여 전체 2위, 공여기관 기준으로는 전체 1위에 해당한다. 유럽연합의 대북 지원은 적게는 18만 달러(1995년)에서 많게는 6,840만 달러(1999년)에 이르는 규모로 이루어졌는데, 전체적으로 2000년을 전후하여 크게 감소한 상태로 최근에는 소규모 지원이 지속되는 특징을 보이고 있다(박지연 2015, 65).

이처럼 유럽연합은 북한의 핵과 미사일 실험, 인권 문제 등을 포함한 정치·안보 문제와 인도적 지원을 분리한다는 원칙을 가지고 북한에 대한 지원을 지속하고 있으나 북한의 정치나 안보, 경제적 상황에 따라서 지원 금액을 조정해왔다. 이는 유럽연합의 대북 지원 추이를 통해서 확인할 수 있

는데, 최근 10년간 유럽연합 기구들의 대북 지원 규모를 살펴보면 [표 1]
과 같다.

[표 1] 유럽연합 기구들의 대북 지원 변화(2008년~2017년)

(단위: US Dollar, Millions)

2008	2009	2010	2011	2012	2013	2014	2015	2016	2017
12,086	10,694	12,986	11,688	–	14,825	–	0.035	0.002	–

출처: OECD CRS

　유럽연합은 회원국들과 함께 지난 2005년 이후로 2013년까지 북한에
대한 인도주의 지원 사업에 약 6,900만 유로를 지원했다. 대북 지원금
6,900만 유로 중 90%가 넘는 비율이 북한의 식량 안보를 위해 지원되었으
며, 나머지는 재난 복구나 의료 등의 분야에 사용되었다. 2010년 초반까지
는 더 많은 곡물을 생산하기 위한 농업기술 전수와 물자 공급에 지원방향
의 중점을 두었으나 최근에는 북한 주민들의 건강 회복을 위한 지원으로
바꾸었다. 유럽연합 원조협력청은 2015년 북한에 대한 지원과 관련해 직
접적인 식량지원보다 북한에서 활동하고 있는 130여 개의 국제구호단체
를 통해 인도주의적 지원을 계속할 것을 밝혔다(박지원 2015, 20-21). 특히
인도적 차원에서 실시되고 있는 식량안보 특별 프로그램을 중심으로 소규
모 지원이 계속 이루어지고 있으며 사회기반시설과 서비스, 교육, 농업과
임업 및 어업 등의 분야에 대한 지원이 지속적으로 추진되고 있다(최현아·
젤리거베른하르트 2017, 53).
　한편, 2006년부터 NGO들은 인도적 원조뿐만 아니라 개발원조 활동을
해야만 공식적으로 북한에서 사업을 할 수 있게 되었다. 당시 대부분의 유

럽 NGO는 ECHO로부터 기금을 받고 있었는데, ECHO는 NGO의 대북활동이 개발원조의 형태로 이루어지데 부정적이었다. 이러한 이유로 ECHO는 북한을 떠나라는 요구를 받았고, NGO들은 유럽연합 Programme Unit으로 들어가게 되었다. 따라서 NGO들은 스스로를 NGO로 분류하지 않고, 유럽연합 Programme Unit에 숫자를 붙여서 분류하고 있다(Victor Hsu 2011, 57).

이처럼 유럽연합은 북한에 인도적 지원과 함께 개발협력을 지속적으로 실시하고 있는데, 주로 식량안보 분야에서의 인도적 지원과 복구 및 개발(Linking Relief, Rehabilitation and Development, LRRD)을 연계하는 형태로 이루어지고 있다. 식량안보 협력 사업은 산림과 임농복합경영, 농업관련 기초교육, 관련 장비 교육, 연수 등을 통해 북한 전문가들의 역량을 강화하는 것을 목표로 하고 있다. 농업 및 생명과학 국제센터(CABI: Centre for Agriculture and Bioscience International)의 식물보호 역량강화 사업, 한스 자이델 재단(HSF: Hanns Seidel Foundation)의 농촌생활환경 개선을 위한 조림 프로젝트, 국제유기농업운동연맹(IFOAM: International Federation of Organic Agriculture Movements)의 지속가능한 식량체계 구축을 위한 유기 농업 관련 지식 보급, 유기농업연구소(FiBL: Research Institute of Organic Agriculture)의 영양개선 사업, 스웨덴 적십자사(Swedish Red Cross)의 지역사회기반 재해위험 감소 사업 등이 대표적이다(최현아·젤리거베른하르트 2017, 55).

또한 유럽연합 프로그램 지원단(EUPS: European Union Programme Support unit)과 함께 사업을 진행하고 있는 컨선 월드 와이드(Concern Worldwide), 세이브 더 칠드런(Save the Children), 스웨덴 적십자(Swedish Red Cross)

등을 포함한 국제 민간기구(International nongovernmental organization)와 UNEP, 유엔 세계식량농업기구(FAO) 등의 국제기구가 식량문제와 연계하여 북한과 협력을 하고 있다. 유럽연합은 1995년부터 130개 이상의 사업에 1억 3천 5백만 유로 이상을 지원하였으며, 식량안보, 보건서비스 개선, 취약 계층을 위한 깨끗한 물과 위생시설 이용 등을 지원하고 있다. 2016년과 2017년 사이에는 재해 대비를 위한 사업에 30만 유로를 지원하였다(유럽 민사 보호 및 인도적 지원 운영 사무국).

그러나 북한이 수차례의 미사일 실험과 6차 핵실험으로 국제사회의 고강도 제재를 받게 되면서 인도적 지원은 정치적 목적에 의해서 중단될 수 없다는 입장을 고수해왔던 유럽연합도 결국 2017년에는 인도적 지원을 중단하기에 이른다. 하지만 2018년 2월에 열린 평창올림픽을 계기로 남북 간 긴장완화 국면이 조성되고, 계속해서 2018년 한 해 동안 세 차례의 남북정상회담(4/27, 5/26, 9/18~20)과 북미정상회담(6/12)이 개최되는 등 한반도 정세가 급변하게 되면서 유럽연합 차원에서도 한반도 정세에 관여할 필요성이 높아졌다.

이에 유럽연합은 대북 지원과 교류협력의 확대를 다시 모색하게 되었고, 이에 따라 그동안 국제사회의 고강도 제재 분위기 하에서 지속적으로 축소해온 대북 인도지원의 재개를 최근 들어 추진함으로써 대북 관여를 적극 모색할 것임을 시사하고 있다. 특히 인도적 지원은 '제재 예외' 분야임을 감안하여 북한의 비핵화 진전 전까지 제재를 유지하면서도 대북 인도지원 사업을 지속적으로 추진하는 방향을 고려하고 있다. 이에 따라 개발협력총국을 중심으로 관련 지침을 마련하고 신규 지원사업을 발굴하는 등 대북 인도지원 사업의 점진적인 확대를 검토하고 있다.

2. 국가별·NGO별 대북 인도적 지원

(1) 독일

독일은 1995년에 7만 8,157달러 규모로 대북지원을 시작한 이후 북한에 대한 지원을 지속해오고 있다. 독일의 대북 지원은 다른 공여국의 지원 방식과 달리 초기부터 교육지원을 중심으로 추진되어 왔다는 특징을 보이고 있으나 지원 규모를 기준으로 볼 때는 긴급구호 식량지원이 다수를 차지하고 있다. 그러나 2005년을 기점으로 교육지원에 더해 시민사회에 대한 지원을 포함한 개발협력 분야의 지원이 확대되었으며 이에 따라 긴급구호성 지원은 상대적으로 크게 감소한 양상을 보이고 있다(박지연 2015, 67−69).

2008년부터 2017년 사이에 독일의 대북 지원 추이를 공여액을 중심으로 살펴보면 [표 2]와 같다.

[표 2] 독일의 대북 지원 현황(2008년~2017년)

(단위: US Dollar, Millions)

2008	2009	2010	2011	2012	2013	2014	2015	2016	2017
5.746	1.595	2.804	2.306	2.611	2.121	3.078	3.001	3.991	2.375

출처: OECD CRS

최근에는 독일의 민간 구호단체인 벨트홍게르힐페(세계기아원조)가 유럽연합으로부터 145만 달러(한화 16억 원)를 지원받아 북한에서 새로운 영양 개선 사업을 시작했다. 이 사업을 통해 황해도와 평안도 주민들에게 퇴비 제조법과 잡초를 관리하는 방법, 가축 생산을 늘리는 방법 등을 전수하고 보건과 영양 분야의 교육을 실시하고 있다. 이 사업으로 현지 협동농장 2천 가구와 병원, 유치원 등 사회기관 관계자 300여 명이 혜택을 볼 수 있으며, 2020년 2월까지 진행될 예정이다. 벨트홍게르힐페는 1997년부터 북한에서 폐수정화, 농촌 재난 대비, 채소 종자 생산 등의 대북 지원 사업을 벌여 왔다(최근 몇 년 간은 주로 강원도, 황해도, 평안도 등지에서 채소 종자 생산 사업과 재난 대비 사업, 온실관리 사업 등을 활발하게 진행하였다)(연합뉴스 2017/5/31).

또 다른 독일의 민간단체인 IFOAM(국제유기농업운동연맹)은 유럽연합으로부터 받은 지원으로 북한에서 자립적인 유기농업체계를 구축하는 사업을 진행하고 있다. '자립적인 유기농업체계의 구축'이라는 이름으로 평안남도에 위치한 쌍운농장을 주요 사업 대상지로 선정하여 유기농법 기술을 전수하는 한편, 목초지 관리와 농축산 통합 사업 등을 펼치고 있다. 이 과정에서 생산된 곡식, 과일, 축산 등은 이 사업의 대표적인 결과물로 평가되고 있으며, 여러 유기농법 시도들을 거쳐 적합하다고 판단되는 기술은 북한 전역으로 확대하여 유기농업체계를 구축할 계획이다.

또한 독일 유기농업연구소(FiBL/ Research Institute of Organic Agriculture)도 유럽연합으로부터 미화 50만 달러를 지원받아 친환경 유기축산 방식으로 육류 생산을 늘리고 유기농업과 연계한 친환경 축산농법 체계를 보급하는데 초점을 맞추어 북한의 농업생산성 증대 사업을 벌이고 있다. 유럽집행위원회 개발협력청 대변인실은 이 사업의 목적이 북한 주민들에게 고기와 우유 등 동물성 단백질을 공급해 영양을 개선하는 것이라고 밝혔다. 이 사업은 2016년 4월에 시작돼 앞으로 4년간 진행될 예정이다(노컷뉴스 2017/05/12).

(2) 스웨덴, 덴마크

미국의 소리(VOA) 방송에 따르면, 2017년 상반기 북한에 대한 국제사회의 인도주의적 지원이 지난해보다 많이 줄었고 북한을 지원한 나라도 7개에서 6개로 줄었는데, 스위스와 스웨덴, 프랑스, 캐나다, 러시아는 지난해에 이어 올해도 북한을 지원했다(KBS 2017/6/20). 한반도 정전체제를 감시 및 관리하는 중립국 감독위원회의 일원이기도 한 스웨덴은 1995년의 수해 지원을 시작으로 현재까지 대북 인도적 지원을 지속하고 있다.

유엔 인도주의업무조정국의 2017년 '국제사회 대북 지원 현황자료'에서 스웨덴 정부가 유엔 인도주의업무조정국(OCHA)의 대북사업에 80만 달러(한화 9억 원)를 지원하기로 결정했다고 밝혔다. 구체적으로는 유니세프(UNICEF·유엔아동기금)가 북한에서 진행하고 있는 보건 사업에 56만 5천 달러를 지원해 취약계층에게 영양 보충제와 필수 의약품 등을 제공할 예정이다. 또 영국에 본부를 둔 국제 구호단체 '세이브 더 칠드런'의 대북 식량 지원 사업에도 22만 달러를 제공하기로 했다. 스웨덴 정부는 2016년에도 북한 함경북도의 수재민들에게 임시 거처와 화장실을 마련해주고 깨끗한 식수와 위생용품 등을 지원하기 위해 지원한 47만 달러(5억 3천여 만원)를 포함하여 북한에 318만 달러를 지원했으며, 이 가운데 140만 달러는 스웨덴 적십자사를 거쳐 국제적십자사의 대북사업에 사용됐다(연합뉴스 2017/5/2).

또한 북한의 6차 핵실험(2017년 9월 3일) 이후에도 292만 달러의 지원사업 계획을 예정대로 추진했다. 스웨덴 국제개발협력청(SIDA)의 인가릴 하그버그 공보담당관에 따르면, 2018년 스웨덴 정부의 대북지원 규모는 약

467만 달러이다. 이 중 약 91만 달러는 유엔 식량농업기구(FAO)가 2018년부터 2019년 말까지 진행하는 대북 지원사업에 쓰일 계획이다(KBS 2018/11/20).

한편, 덴마크 정부는 북한 어린이 식량지원 활동을 해온 덴마크 민간 구호 단체인 '미션 이스트'를 통해 지난해 발생한 북한 함경북도 수해 복구사업에 우리 돈으로 6천만 원을 지원했다. '미션 이스트'는 덴마크 정부로부터 받은 지원으로 2016년 말부터 2017년 초까지 함경북도 무산군과 연사군 수해 지역 복구 작업을 진행하여 무산군 400여 가구와 유치원·학교 두 곳의 수도 시설을 개선했으며, 연사군에 상하수도 시설을 만들어 120여 가구에 깨끗한 물을 제공했다(YTN 2017/4/20).

2008년부터 2017년 사이에 이루어진 덴마크와 스웨덴 정부의 대북지원 추이를 공여액을 중심으로 살펴보면 [표 3]과 같다.

[표 3] 덴마크, 스웨덴의 대북지원 현황(2008년~2017년)

(단위: US Dollar, Millions)

	2008	2009	2010	2011	2012	2013	2014	2015	2016	2017
스웨덴	0.958	6.757	—	7.599	4.225	4.259	3.896	1.635	0.042	2.879
덴마크	1.467	—	—	0.120	—	—	—	—	—	—

출처: OECD CRS

(3) 아일랜드

아일랜드계 비정부기구인 '컨선 월드와이드(CWW: Concern Worldwide)'는 2017년에 125만 달러(약 14억 8,300만 원)를 지원하여 북한의 황해남도와 황해북도, 평안남도, 강원도에서 식량안보 사업과 식수 및 위생을 위한 사업, 재난위험 감소 사업 등을 진행하였다. 식량안보 사업은 보존농법을 전수하여 간단한 농기구와 적은 자원으로도 지속적으로 식량을 생산할 수 있도록 지원하는 것이 주요 내용이다. 또한 황해북도와 강원도 주민 10만여 명을 대상으로 식수와 위생 사업도 진행하게 된다. 아울러 전염병 예방을 위해 비누를 제공하고 북한 보건당국과 함께 공중보건 교육의 실시도 추진하였다. 이 밖에도 황해북도와 강원도 주민 14만 6,000여 명을 대상으로 재난에 대한 대응력을 높이기 위한 재난위험 감소 사업의 진행도 계획하였다. 북한에서 '유럽연합 지원계획 제3단체'로 활동하고 있는 컨선 월드와이드는 지난 1998년부터 대북 지원사업을 시작했으며 평양에 상주 사무실을 운영 중이다. 식수와 위생, 생계지원, 위기경감 및 회복력 증진사업 등을 주요 추진사업으로 벌이고 있는 이 단체의 대북 지원사업은 유럽연합과 스웨덴 국제개발협력청, 스위스 개발협력청, 아일랜드 외교부 개발협력국의 지원으로 이뤄지고 있다(뉴스1 2017/1/17).

아일랜드 국제개발청에 따르면, 아일랜드 정부는 자체의 지원체계를 통해 파악한 북한의 식량과 인권 상황을 바탕으로 대북지원 규모를 결정하고 있는데, 북한의 핵실험 강행 이후에는 북한에 대한 직접적인 개발지원을 중단하고 유엔 기구를 통한 인도주의 지원만 진행하고 있다(노컷뉴스 2016/9/1). 2008년부터 2017년 사이에 아일랜드 정부가 지원한 대북 지원의 규모를 공여액을 중심으로 살펴보면 [표 4]와 같다.

[표 4] 아일랜드의 대북 지원 현황(2008년~2017년)

(단위: US Dollar, Millions)

2008	2009	2010	2011	2012	2013	2014	2015	2016	2017
0.898	–	–	0.305	0.786	0.769	0.772	0.719	0.442	0.524

출처: OECD CRS

(4) 프랑스

유엔 인도주의업무조정국(OCHA)의 2017년 '국제사회 대북 지원 현황 자료'에 따르면, 프랑스 정부가 대북 식량안보 사업에 지원한 21만 달러는 어린이와 임산부, 수유모 등 취약계층을 위한 영양 지원에 사용되도록 계획되었다. 구체적으로 북한에서 유럽연합 지원계획 제5단체로 활동하는 '트라이앵글 제너레이션 휴머니테어'에 11만 2천 달러, 유엔 세계식량계획 WFP에 10만 1천 달러를 추가 지원하기로 결정했다. 프랑스 정부는 2017년 5월에도 세계식량계획이 실시하고 있는 '북한 어린이와 여성을 위한 영양 지원과 재난 위험 감소를 위한 지역사회 역량 강화' 사업에 미화 10만 달러를 지원하기도 했다. '트라이앵글 제너레이션 휴머니테어'는 2017년부터 황해북도 소흥시에서 주민들의 영양 개선을 위해 '채소 생산 증대 사업'을 진행하고 있는데, 사업의 주요 내용은 탁아소와 유치원 어린이 등 취약계층 4만 3천여 명에게 신선하고 영양가 높은 채소를 지속적으로 지원하기 위해 각종 채소 재배를 늘리는 것이다. 이 단체는 이와 함께 물고기 생산 증대 사업도 진행하고 있다. 물고기 양식과 작물 재배, 가축 사육을 함께 하는 '통합 양식 기법'을 통해 물고기의 생산량을 늘리는 것이 목적인 이 사업은 2019년 1월까지 진행한다는 계획 아래 추진되었다

(VOA 2017/6/1).

프랑스 정부는 2016년에도 유럽연합 지원계획 제1단체로 활동하는 '프리미어 어전스'와 제 5단체로 활동하는 '트라이앵글 제너레이션 휴머니테어'의 대북 사업에 각각 15만 유로를 지원했다. '프리미어 어전스'는 프랑스 정부 외에 유럽연합과 스웨덴 국제개발협력청(SIDA) 등의 지원을 받아 대북 사업을 진행하고 있는데, 북한 주민에게 염소를 지원하고 염소 사육 방법을 전수하며 사료 생산 증대 기술을 교육하는 사업에 주력하고 있다 (VOA 2016/6/9).

유엔 인도주의업무조정국(OCHA)의 자금 모금 현황에 따르면, 프랑스는 스위스, 스웨덴, 캐나다, 러시아 등과 함께 2018년에도 대북 지원을 실시(KBS 2019/1/25)하여 북한 주민의 영양 부족 상태를 해결하려는 국제사회의 노력을 지원하였다. 2008년부터 2017년까지 프랑스 정부의 대북 지원 현황을 살펴보면 [표 5]와 같다.

[표 5] 프랑스의 대북 지원 현황(2008년~2017년)

(단위: US Dollar, Millions)

2008	2009	2010	2011	2012	2013	2014	2015	2016	2017
1.010	0.231	0.610	1.231	1.129	1.585	12.577	1.326	0.886	1.539

출처: OECD CRS

3. 비 EU 국가의 대북 인도적 지원

(1) 스위스

스위스는 강한 인도적 전통을 가진 국가로서 제2차 세계대전 시기부터 시작된 인도적 지원의 오랜 경험과 중립국이라는 특성을 바탕으로 오늘날까지 국제 인도적 지원을 선도하고 있다. 전 세계의 평화와 번영을 스위스 연방의 목표로 설정하여 연방 헌법에 명시하기도 한 스위스는 1976년에 '국제개발협력과 인도적 지원법'을 제정하여 국제개발협력과 인도적 지원에 관련한 포괄적인 사항들을 법적으로 규정하고 있다(권구순·홍문숙 2016, 128).

북한에 대한 스위스의 지원은 1995년에 약 3천만 달러 규모의 식량지원으로 시작되었다. 이후 2015년까지 스위스는 북한에 총 1억 5,679만 8천 달러를 지원했으며, 2018년까지 단 한해도 북한에 대한 원조를 중단하지 않았다. 특히 2015년 스위스의 대북 원조액은 1,136만 8천 달러로 OECD/DAC 회원국 중 1위를 차지하기도 하였다(박소혜·박지연 2017, 176–177). 또한 북한의 잇따른 도발로 국제사회의 많은 국가들이 대북 지원 중단 입장을 밝힌 2017년에도 스위스는 대북 인도적 지원을 지속하였다. 스위스 정부는 2017년에 대북지원을 위해 약 805만 달러의 예산을 책정하였고, '스위스 인도주의 프로그램'을 통해 자연재해를 입은 북한 지역 주민들의 식수공급과 위생사업, 영양 및 식량 안보사업을 진행하였다(연합뉴스 2017/12/2).

최근 스위스의 대북 지원은 대규모 긴급구호성 지원이 감소하고, 소규모 개발지원이 증가한 특징을 보이고 있다. 긴급구호성 지원을 제외한 스위스의 대북 지원 사업으로는 농업, 갈등관리, 사회복지서비스, 식수공급 및 위생 등과 관련한 지원이 이루어지고 있다. 특히 농업지원은 1998년 이후 지속적으로 이루어지고 있으며, 스위스 개발협력청(SDC: Swiss Agency for Development and Cooperation)이 북한의 환경개선과 식량안보 개선 등을 목적으로 직접 중장기 프로젝트를 추진하고 있다(박지연 2015, 70-72).

스위스 정부는 2003년부터 언덕과 산에 나무와 작물을 함께 심는 '산간 농업'을 북한에 전수하는 지원 사업을 진행해왔다. 스위스 개발협력청(Swiss Agency for Development and Cooperation, SDC)은 북한의 산림황폐화 및 식량난 해결을 위해 2004년부터 경사지 관리 프로그램(Sloping Land Management Program, SLMP)을 진행하고 있으며, SLMP를 통해 임농복합경영(agroforestry)을 시작하였다. SLMP는 이용자 그룹(User group)을 통해 주민들이 직접 경사지를 이용할 수 있는 권리를 제공하고 있으며, 황해북도 수안군을 시작으로 연산군, 연탄군, 사리원시, 서흥군, 린산군, 평산군, 신평군을 포함한 8개 군으로 확대되었다. 2015년에는 북한 국토환경보호성(MoLEP: Ministry of Land and Environmental Protection)과 함께「국가 임농복합경역 정책과 전략(National Agroforestry Policy and Strategy) 행동계획(2015~2024)」을 수립하였다(최현아·젤리거베른하르트 2017, 49-50).

분유 제공(DSM: Dried Skimmed Milk) 프로그램 또한 스위스의 대표적인 대북지원 사업 사례이다. 스위스 SDC는 세계식량프로그램(WFP)을 통해 2009년부터 북한에 분유를 제공해왔는데, 2009년은 국제사회의 대북 제재로 대북원조가 현저하게 감소한 시기다. 스위스는 이러한 상황에서 분유 제공 사업을 추진함으로써 인도적 지원은 정치적 고려로부터 자유로워야 한다는 것을 국제사회에 천명하였다(박소혜·박지연 2017, 190). 스위스는 2016년에 분유 2130t(750만 달러 상당)을 포함해 총 1,040만 달러(125억 원)어치를 북한에 지원함으로써 2016년 최대의 북한 지원국이 되었다. 스위스 정부가 스위스 개발협력청 예산으로 주로 세계식량계획을 통해 펼치는 대북 주요 사업은 '유기 제품 사업'으로 이 분유는 현지에서 가공돼 어린이와 임산부, 노약자 등 취약계층에 제공되고 있다(노컷뉴스 2016/6/4). 스위스 외무부 산하 개발협력청은 2017년 5월에도 북한의 어린이와 임산부, 수유모 등 취약계층에 전달해 달라고 500만 달러(56억 원) 상당의 분유를 세계식량계획(WFP)에 전달했다. 스위스는 WFP를 통해 현금이 아닌 분유를 전달하고 있으며 이 분유는 '슈퍼 시리얼'(혼합영양 강화식품)로 가공돼 탁아소와 학교, 병원의 취약계층에 제공되고 있다(서울신문 2017/6/2).

유엔 인도주의업무조정국(OCHA)에 따르면, 스위스는 2018년에도 약 532만 달러를 북한에 지원했는데, 이는 2018년 전체 대북지원의 20%에 해당하는 금액이다. 또한 2019년에 들어서도 스위스 정부는 외무부 산하 개발협력청(SDC)을 통해 북한 내 자연재해 피해를 줄이기 위한 사업에 약 59만 달러, 아동 영양사업에 약 4만 4천 달러, 물·위생·청결(WASH) 분야 지원사업에 약 79만 달러를 지원했다(뉴시스 2019/1/25).

스위스의 대북 지원은 인도적 동기에 기반하여 100% 무상원조로 제공되고 있으며 지원분야에 있어서도 주민의 기초생활 향상과 연관된 영역이 대부분을 차지하고 있다. 또한 북한 주민과의 대면 접촉에 기반을 둔 지원방식을 고수하고 있는 특징을 가진다(박소혜·박지연 2017, 192). 이와 같은 스위스 정부의 지난 10년 간 대북 지원 현황을 살펴보면 [표 6]과 같다.

[표 6] 스위스의 대북 지원 현황(2008년~2017년)

(단위: US Dollar, Millions)

2008	2009	2010	2011	2012	2013	2014	2015	2016	2017
6.213	4.843	7.007	6.424	8.309	11.413	6.317	11.046	9.457	12.632

출처: OECD CRS

(2) 노르웨이

노르웨이는 스위스와 함께 1995년 이후 현재까지 한해도 거르지 않고 대북지원을 실시해온 국가이다. 북한의 도발과 권력 세습 등으로 인해 관계가 악화되긴 했지만 여전히 노르웨이는 북한에 대해 인도적 차원의 지원을 계속 해오고 있다. 2017년에는 적십자를 통해 30만 달러를 수해복구에 지원하였는데, 노르웨이 적십자사는 이 지원금을 북한에서 홍수로 인해 오염된 식수와 악화된 위생을 개선하는 사업과 열악한 보건 시설로 인해 충분한 보건 혜택을 받고 있지 못하는 북한 주민들을 위한 사업에 투입했다고 밝혔다(뉴스1 2017/5/4).

마리안느 하겐 노르웨이 외교부 차관은 노르웨이 정부가 2018년에 1,450만 크로네(약 19억 원) 규모의 대북 인도적 지원을 국제적십자사연맹(IFRC)과 유엔인구기금(UNFPA)을 통해 제공했다고 미국 자유아시아방송(RFA)에 밝혔다. 또한 북한 내 여전히 상당한 인도주의 지원 수요가 있으며 이에 노르웨이 정부는 앞으로도 북한의 취약계층에 대한 인도지원을 지속할 계획이라고 밝혔다(아시아경제 2019/1/16). 2008년부터 2017년까지 노르웨이 정부의 대북 지원 현황을 공여액을 기준으로 살펴보면 [표 7]과 같다.

[표 7] 노르웨이의 대북 지원 현황(2008년~2017년)

(단위: US Dollar, Millions)

2008	2009	2010	2011	2012	2013	2014	2015	2016	2017
2.171	4.100	1.948	2.433	2.354	0.597	1.258	1.766	1.190	1.156

자료: OECD CRS

IV. 유럽연합(EU)의 대북 인도적 지원이 한반도에 주는 시사점

1. 확고한 원칙과 가이드라인에 따라 일관되게 추진하는 인도적 지원

유럽연합은 한반도 평화와 안정을 증진하기 위한 국제적인 노력, 특히 북한의 비핵화와 인권 개선을 위한 노력을 지지하고 있다. 이러한 정책적 지향을 바탕으로 북한의 발전과 빈곤 퇴치를 통해서 북한 내 인권을 개선하는 것을 목표로 대북 인도적 지원을 실시하고 있다. 유럽연합의 인도적 지원은 기본적으로 인간애(humanity), 중립성(neutrality), 공정성(impartiality)과 독립성(independence)을 원칙으로 하여 이루어지고 있는데, 특히 대북 인도적 지원 사업은 2000년에 제시된 ECHO의 전략 가이드라인에 따라 전개되고 있다. 여기에는 ⅰ) 산간지역 주민에 접근할 수 있는 권리 보장, ⅱ) NGO의 모니터링 업무 환경 개선, ⅲ) NGO의 활동 확대 등의 내용이 포함되어 있다(서보혁 2007, 125-150).

비록 북한과의 정치적 관계에 따라 변화를 보이기도 하지만 유럽연합은 꾸준한 인도적 지원을 통해 북한과 대화를 지속하며 북한의 변화를 촉구하고 있다. 북한이 유럽연합의 노력에 맞추어 단기간 내에 변화하는 것은 어렵겠지만, 유럽연합은 장기적으로 북한의 인권문제가 개선되고 북한이 변화할 가능성이 충분히 있다고 바라보는 입장에서 북한을 국제사회의 일원으로 참여시키기 위해 노력해오고 있다(박지원 2015, 15). 민감할 수 있는 정치적인 변수와는 별개로 북한에 대한 인도적 지원을 지속하며 지원과 대화, 외교적 노력을 균형을 이루어 일관되게 전개하고 있는 것이 유럽연합의 대북 인도적 지원 정책에서 주목할 점이다.

유럽연합과 달리 한국의 대북 인도적 지원은 그동안 정부별 대북 정책과 북한의 정치적 상황에 따라 인도적 지원이 부침을 겪으며 변화해 왔다(이용화·이해정 2018, 7). 유럽연합의 대북 인도적 지원 정책을 통해서 인도적 지원은 원조 본연의 목적인 북한 주민들의 빈곤 감소 및 복지 증진과 같은 인도주의의 실현에 충실해야 하며, 그러한 원조가 결국에는 북한의 변화에도 기여할 수 있다는 시사점을 얻을 수 있다. 따라서 인도주의 정신과 원칙에 충실하게 북한 주민의 삶의 질 개선에 초점을 맞춘 일관성 있는 대북 인도적 지원 방안을 수립하여 지속적이고 체계적으로 추진해 나가려는 노력이 필요하다.

2. 분야별 NGO 활동의 지원을 통한 접근

유럽연합은 여러 회원국으로 이루어져 있기 때문에 북한에 대표 사무소를 두고 있다. 따라서 유럽의 NGO들은 평양에 사무실과 거주지를 가질 수 있고 대부분의 지역에 접근하여 다양한 현장 방문을 수행할 수 있는 기회가 있다는 점에서 다른 NGO들에 비해서 지원활동을 원활하게 수행하기에 유리하다(Victor Hsu 2011, 56). 이러한 이유로 심화되는 초국적 차원의 대북 제재 상황 속에서도 유럽연합의 지원을 받아 인도적 지원을 하는 많은 유럽의 NGO들은 북한 내의 인도주의적 공간을 만들고 확대하는 데 중요한 공헌을 하고 있다(김성형 2008, 74).

유럽연합의 경우, 대규모의 물량 지원과 건설사업 등과 같은 선심성 사업보다는 현지 지역에 맞는 다양한 프로그램을 맞춤형으로 제공하는데, 프로그램 지원은 국제기구와 유럽연합 회원국 소속 NGO 등과 결합하여 농촌개발 사업, 교육, 의료 등을 중심으로 이루어지고 있다. 특정 프로그램에 전문적인 경험과 지식을 비축한 NGO가 유럽연합의 지원을 받아 수혜가 가장 필요한 지역에서 맞춤형 활동을 펼치고 있다. 예를 들면, 독일 NGO의 평안북도 농자재 지원 사업, 프랑스 NGO의 병원운영 사업 등이 있다(이종서 2010, 119).

이는 주로 대규모의 종합적인 방식보다는 소규모의 다발성·개별성 지원의 형태로 실시되고 있는데, 지원을 소규모로 하되 빈도수를 높여 여러 좁은 지역에 걸쳐 일정한 기간을 두고 확대하는 방식이다. 예를 들어 산림녹화의 경우, 북한 전역을 대상으로 북한 당국과 일의적인 협상을 하기 보다는 특정 산림 권역별로 또는 지역별로 도 단위 또는 군 단위까지 세분하여 각각의 프로젝트를 별개로 진행함으로써 이에 관계되는 북한 주민들의 수와 범위가 가능한 확대되도록 유도하는 것이다. 그리고 이를 단기간에 걸쳐 동시다발적으로 실시하기보다는 일정한 기간을 두고 빈번하지만 지속적으로, 지역적으로 차별화되게끔 실시하는 것이다(이석 2014, 44-45).

많은 제약에도 불구하고 유럽의 NGO들이 지속적으로 대북 지원활동을 펼칠 수 있는 요인은 북한과 정기적 교류를 통하여 관계유지에 힘써 왔기 때문이다. 또한 특별히 민감하지 않은 분야에 주력했고, 때로는 북한이 요구하는 특정한 사업을 추진해 주었기 때문이다. 유럽의 NGO들은 북한 내에서 실질적으로 무엇이 필요한가에 기초하여 사업을 진행하고 확장하는 한편, 사업을 진행하는 모든 과정에서 북한 측과 협력관계를 유지하고 있다(임을출 2008, 17-18).

우리의 경우, 민간 차원의 대북 인도적 지원은 1997년부터 본격화되기 시작하여 현재 통일부에 등록된 대북 민간지원 단체는 106개로 보건의료를 비롯해 우선복지, 사회 인프라 지원 등의 다양한 사업을 시행하고 있다. 그러나 2010년 정부의 5.24 대북 조치 이후 민간 차원의 대북 인도적 지원은 축소되기 시작하여 2017년에는 11억 원 규모에 불과했다(이용화·이해정 2018, 5). 지원하는 사업 분야별로 전문성을 갖춘 NGO를 통해 인도적 지원을 수행하는 유럽연합의 경험은 우리에게 효과적이고 안정적인 대북 인도적 지원사업의 추진을 위해서 NGO의 역량과 역할이 중요함을 말해주고 있다. 또한 역량 있는 국제 NGO와 상호협력을 유지하고 관련 정보를 교류하면서 북한 현지에서 필요로 하고 관심 있어 하는 부문을 사전에 함께 연구하고, 역량강화 프로그램이 포함된 소규모 시범사업 형태로 지원사업을 수행하는 것이 필요하다는 시사점을 도출해 볼 수 있다(최현아·젤리거베른하르트 2017, 67).

3. 정치·안보적 문제와 인도적 지원의 분리

유럽연합은 북한에 대한 인도적 지원은 정치·안보적인 이해나 갈등과는 무관하게 지속되어야 한다는 입장을 견지하고 있다. 북핵 위기의 상황에서도 유럽연합은 핵과 인도적 지원을 분리시키는 차별화 전략을 시도하여 대북 식량지원과 기타 인도주의적 지원을 계속 이어갔고, 이 점에서 미국의 대북 강경책과는 차별성을 보였다. 인도적 지원의 액수나 연속성에 비견해서 볼 때, 부침이 없었던 것은 아니었으나 일련의 북핵 위기에도 불구하고 유럽연합의 대북 인도주의적 지원은 일관성 있게 계속되었다. 유럽연합이 정치·안보적 위기 상황에서도 북한에 대한 인도적 지원을 지속한 이유는 북한체제의 변화가 문제 해결의 핵심이며, 결국 북한의 인권 문제해결을 위해서는 단기적인 성과보다는 장기적인 관점에서 접근해야 한다는 인식 때문이다(이무성·박민중 2016, 322).

이에 따라 유럽연합은 1995년 대북 지원을 시작한 이래, 핵 위기 상황 속에서도 원조활동을 계속하고 있다. 유럽연합은 북한의 현 상황을 개선하기 위해서는 국제사회의 이해와 협조가 불가결하다고 보고 있으며, 북한에 대한 인도적 지원은 정치적인 이해관계나 긴장관계와 무관하게 지속되어야 한다는 입장을 견지하고 있다. 특히 북한에 대한 인도적 지원방식이 단기적이고 일시적인 긴급구호방식이 아닌 북한의 제도적 변화와 식량구호를 뒷받침하는 농업, 산림지원 등을 포함하여 보건·의료·식수·위생 등 개발구호와 원조방식으로 진행되어야 한다는 점을 강조하고 있다(박채복 2006, 222).

이러한 점에서 대북 지원에 관한 유럽연합의 입장은 미국의 대북 지원 정책과 차별성을 지니게 된다. 미국은 1999년 1억 7,618만 달러의 대북 지원을 시작한 이후로 2013년까지 북한에 약 6억 6,989만 달러를 무상으로 지원하여 총 지원액을 기준으로 단일 공여국 및 공여기관을 모두 합하여 전체 1위를 차지하고 있다. 그러나 미국의 대북 지원은 최소 25만 달러 (2001년)에서 최대 1억 7,617만 달러(1999년)의 규모로 이루어져 전체적으로 급격한 증감이 반복되는 양상을 보이고 있는데, 이는 미국이 대북 지원을 북핵문제와 연결시켜 진행하기 때문이다(박지연 2015, 63).

물론 북한의 핵문제와 2003년의 「유럽안보전략(European Security Strategy)」, 2004년의 「대테러선언(Declaration on Combating Terrorism)」 등

으로 유럽연합의 입장이 강경하게 전환되면서 이후 북한에 대한 대북 지원이 감소하기도 하였다. 그러나 유럽연합은 북한의 핵실험과 탄도 미사일 관련 프로그램, 인권 문제 등을 포함한 정치·안보 문제와 인도적 지원은 분리한다는 원칙 하에서 지원을 지속하고 있다. 특히, 인도적 차원의 식량안보특별 프로그램을 바탕으로 소규모 지원이 계속되고 있으며, 사회기반시설 및 서비스, 교육, 농업, 임업 및 어업, 생산 분야에서의 지원이 지속적으로 이루어지고 있다.

대북 인도적 지원에 대한 유럽연합의 이와 같은 일관된 입장과는 달리 한국의 대북 인도적 지원은 북한의 인도적 상황이나 도덕적 필요성보다는 국내외의 정치적·전략적 고려에 의해 결정되어 온 경향이 있다(김지영 2016, 92–93). 그러나 인도적 지원은 수혜국의 주민들이 최소한의 인간 존엄성을 유지할 수 있도록 인도적 관점에서 추진하는 것으로 그 과정에서 정치적 고려를 배제하는 것이 기본 원칙이며 이는 국제사회가 공유하는 인류 보편적 가치이다. 유럽연합의 경험 역시 원조가 인도적 목적에 충실할 때 북한 주민들의 삶의 질을 보다 실질적으로 개선할 수 있음은 물론이고 북한의 변화 또한 이끌어낼 가능성이 크다는 것을 우리에게 보여주고 있다(김영윤 2018).

V. 나오며

유럽연합은 북한의 열악한 인도적 위기 상황을 국제사회에 알리고 북한에 대한 인도적 지원을 증대시키기 위해 지속적으로 노력해 왔다(박채복

2002, 183). 북한의 정치나 안보, 경제적 상황에 따라서 지원 금액에 부침이 있기도 하였으나 유럽연합은 1995년 이래 130개 이상의 프로젝트를 지원하기 위해 인도주의적 원조 자금으로 1억 3천 5백 7십만 유로를 제공하여 북한의 인도주의적 필요에 대응해 왔다. 이 지원금은 식량 원조, 보건 서비스 개선, 가장 취약한 주민들을 위한 깨끗한 식수 및 위생 시설 제공에 중점을 두고 사용되었다(유럽 민사 보호 및 인도적 지원 운영 사무국). 최근 진행 중인 유럽연합 대북지원 사업의 경우 대부분 소규모 지역단위로 진행되고 있는데, 세미나, 연수, 관련 기술 도서 출판 등 역량발전에 중심을 두고 있으며 대부분 북한 현지 파트너와 신뢰관계가 구축되어 역량강화를 위한 교류를 지속하고 있다.

그러나 유럽연합을 비롯한 국제사회의 지원에도 불구하고 북한은 여전히 만성적 식량 불안정, 유아기 영양실조, 영양불안이 만연하여 인도적 지원이 필요한 상황이며 농촌 지역은 더욱 심각하고 긴급한 상황이다. 유엔 파견 평양주재관의 조사에 의거하여 2018년 3월에 유엔 원조업무조정국(UN Office for the Coordination of Humanitarian Affairs)이 발표한 북한의 식량과 보건 및 의료 실태보고서에 따르면, 북한 전역의 약 1,030만여 명이 지속적인 식량 불안정과 영양부족에 시달리는 취약계층에 해당하며 그 중 600만 명이 지원 대상에 속한다(프레시안 2018/4/16). 유엔아동기금(UNICEF)도 최근의 조사를 통해 북한 어린이 5명 중 1명이 발육저해로 고통받고 있으며 평양 밖에서는 어린이 발육저해 비율이 30%를 넘는 곳도 있다고 밝혔다. 또한 조사 대상 가구 중 3분의 1은 오염된 식수를 그대로 사용하고 있었고 이러한 상황은 시골로 갈수록 더 나빠져 시골 지역 어린이들의 절반이 질병과 영양실조 위험에 노출되어 있다고 우려했다(연합뉴스 2018/6/20).

게다가 국제사회의 제재가 장기화되면서 식량 수입과 원조, 작황 등 식량 상황 전반에 악영향을 미치고 있는 상황이다. 물론 국제사회는 인도적 지원을 대북제재의 예외 사유로 인정하고 있다. 그러나 관련 생산자, 수송자, 은행 등이 다른 사업에 차질이 생길 것을 우려하여 북한 사업을 꺼리고 있어 국제기구나 인도적 지원 단체의 대북지원을 위한 송금과 물자 수송에 어려움을 겪고 있다.

그러나 북한 주민들의 생존과 인권 보호를 위해 인도적 지원이 필요하다면 이는 어떤 상황에서도 중단되지 않아야 한다(박지원 2015, 24). 이는 롤즈(John Rawls)의 언급처럼 우리에게는 "정의롭거나 적정 수준의 정치사회 및 사회체제의 유지를 저해하는 불리한 여건 하에 살고 있는 다른 사람들을 도와야 할 지원의 의무(duty of assistance)"(John Rawls 1999, 37, 김욱성, 2010, 203에서 재인용)가 있기 때문이다. 또한 남북 간 상호 이해 증진을 비롯해 바람직한 평화 통일 환경조성을 위해서라도 인도주의 정신에 입각한 대북 인도적 지원은 지속되어야 한다(이용화·이해정 2018, 1). 장기적 차원에서 보았을 때 대북 인도적 지원을 통해서 남북 간에 화해협력 기조를 유지하고 북한의 경제회복을 도모하는 것은 통일 한반도의 미래를 위한 현재의 투자로서 평화운동이자 통일운동의 의미를 가질 수 있다(최대석 2005, 314).

따라서 유럽연합의 경험에서 교훈을 얻어 대북 인도적 지원을 독립적인 정책 영역으로 설정하고, 대북 지원이 다른 정책적 목표를 이루기 위한 수단으로 이용되지 않도록 이를 뒷받침할 수 있는 법과 제도를 정비하여 안정적으로 정책을 추진할 수 있는 기반을 마련해야 한다. 또한 인도적 지원에 대한 정부와 민간의 전문성을 키우는 한편, 국제사회 특히 유럽 NGO 와의 공조와 협력을 강화해야 하겠다(이종무 2012, 55-56).

또한 앞으로의 대북 인도적 지원은 북한 주민의 인도적 상황을 개선하기 위한 수준을 넘어 중장기적인 개발지원 방식으로 추진되어야 할 것이다(강영식 2017, 34). 북한 역시 2000년대 중반 이후 인도적 지원이 아닌 개발지원으로의 전환을 지속적으로 국제사회에 요구해왔다(김지영 2016, 91-92). 이에 유럽연합의 대북 지원도 북한의 식량난 해결을 위한 단기적 일반구호 중심에서 농업, 보건의료, 녹색사업 등의 사회 인프라 구축을 장기적 차원에서 돕는 개발지원 방식으로 확대되는 추세이다(이용화·이해정 2018, 7-8). 대북 지원의 정치적 위험을 최소화하고 지속가능한 지원을 위해서도 북한의 역량발전에 초점을 둔 지원이 우선되어야 할 것이다. 이를 위해 관련 기관 및 관계자들과 지속적인 네트워크를 구축하여 유럽연합 또는 유럽의 NGO와 함께 공동으로 대북 지원을 지속하며 북한과 안정적인 협력 관계를 형성하려는 노력이 필요하다.

참고문헌

강영식. 2017. "인도적 대북지원 사업의 평가와 발전방안." 『수은북한경제』 통권 제53
  호, 22-39.
국제환경규제 기업지원센터 편 저. 채형복 역. 2010. 『리스본조약』. 서울: 국제환경규제
  기업지원센터.
권구순·홍문숙. 2016. "해외긴급구호의 법적 기반 및 운영체계 연구: 일본, 호주, 스위
  스를 중심으로." 『국제개발협력』 7월호, 115-140.
김성형. 2008. "유럽연합의 신대북 협력정책: EU 집행위원회 전략보고서를 중심으로
  (1989- 2002)." 한양대학교 통일정책연구소 편. 『북한과 유럽 : 북한과 동·서유
  럽의 갈등과 협력』. 파주: 동화출판사.
김슬기. 2014. "국제사회의 대북지원 현황." 『KDI 북한경제리뷰』 11월호, 66-84.
김욱성. 2010. "한국 대북지원정책의 도덕적 근거 평가." 『윤리교육연구』 제21집,
  201-222.
김지영. 2016. "국제사회의 대북 인도적 지원의 실제와 효과성: 탈북민의 인식조사 결과
  를 중심으로." 『한국동북아논총』 제78호, 87-103.
박소혜·박지연. 2017. "스위스의 대북지원에 관한 연구." 『아태연구』 제24권 제3호,
  175-196.
박지연. 2015. "국제사회의 대북지원 분석(1945-2014)." 『수은북한경제』 봄호,
  52-82.
박지원. 2015. "유럽연합의 대북 외교 정책에 대한 기대: ECHO의 인도적 지원 정책
  (Humanitarian assistance)을 중심으로." 『연세유럽연구』 제3권 2호, 14-28.
박채복. 2002. "유럽연합의 대북한 외교의 전개와 한국에 대한 시사점." 『국제정치논
  총』 제42집 4호, 167-190.
박채복. 2006. "EU 대북정책에 있어서 변화와 연속성." 『한국정치학회보』 제40집 2
  호, 215-234.
서보혁. 2007. "미국, 일본, 유럽연합의 북한인권정책 비교연구." 『북한연구학회보』 제
  11권 1호, 125-150.
송태수. 2009. "유럽연합(EU)의 대북 정책과 지원정책 및 경제교류 평가." 『유럽연구』

제27권 2호, 79−110.

이규창·김수암·이금순·조정현·한동호. 2013.『인도적 지원을 통한 북한 취약계층 인권 증진 방안 연구』. 서울: 통일연구원.

이무성·박민중. 2016. "유럽연합의 대북한 정책: 안보문제화, 규범, 그리고 외재화."『유럽연구』제34권 3호, 303−329.

이석. 2014. "북한 주민들을 위한 경제지원: 딜레마와 해결 가능성."『KDI 북한경제리뷰』5월호, 27−47.

이용화·이해정. 2018. "대북 인도적 지원 현황과 향후 과제."『현안과 과제』18−05.

이종무. 2012. "대북지원의 전개과정 및 주요 지형의 변화 : 대북지원 규모·북한 수원기구·대북지원 담론."『KDI 북한경제리뷰』2월호, 39−56.

이종서. 2008. "EU의 대북정책 특징과 한반도 균형자로서의 역할 가능성 연구."『유럽연구』제26권 3호, 187−216.

이종서. 2010. "유럽연합의 대북지원 정책 : 규범적 권력 vs 전략적 이익 추구."『정책연구』통권164호, 91−134.

임을출. 2008. "국제기구의 북한 지원: 현황, 평가 및 시사점."『KDI 북한경제리뷰』4월호, 3−19.

최대석. 2005. "긴급구호에서 개발지원으로: 국내 NGO의 지원경험과 향후과제."『북한연구학회보』제10권 1호, 312−336.

최현아·젤리거베른하르트. 2017. "북한 환경문제 해결을 위한 협력 방안: 유럽연합(EU) 지원 사업이 주는 시사점을 중심으로."『통일연구』제21권 1호, 47−73.

황기식·김현정. 2011. "유럽연합의 북한 인권의 인식과 동향."『영남국제정치학회보』제14집 2호, 359−388.

ECHO Factsheet. 2017. "North Korea(DPRK)." (18 Dec).

Helen Versluys. 2008. "Depoliticising and Europeanising humanitarian aid: Success or failure?." *Perspective on European Politics and Society* 9(2): 208−224.

Victor Hsu. 2011. "대북 지식공유사업과 인도적 지원: 한국 NGO와 국제 NGO의 비교."『KDI 북한경제리뷰』8월호, 43−67.

유럽연합 집행위원회(European Commission) 홈페이지.

ECHO(European Civil Protection and Humanitarian Aid Operations) 홈페이지.

OECD CRS 홈페이지.

노컷뉴스. 2012/2/22. "EU '北 인도주의적 재해 취약성 낮다'."

노컷뉴스. 2016/5/12. "독일 NGO, '북한서 유기농업 체계 구축 사업 진행'."

노컷뉴스. 2016/6/4. "스위스, '올해 최대 대북 식량 지원 국가'."

노컷뉴스. 2016/9/1. "아일랜드 정부, 대북 인도적 지원 44만 달러 지원."

뉴스1. 2017/1/17. "아일랜드 NGO, 올해 125만 달러 규모 대북지원."

뉴스1. 2017/5/4. "오바마가 임기말 약속한 100만달러 대북지원금 지난달 전달."

뉴시스. 2019/1/25. "스위스·스웨덴· 독일 등 북한 인도지원 사업 230만달러 지원."

데일리NK. 2008/4/29. "ECHO, 평양사무소 폐쇄…'北 인도적 위기상황 아니다'."

동아일보. 2011/7/5. "EU '대북 식량지원 재개'… 韓美에 선택을 요구하다."

서울신문. 2017/6/2. "스위스 이어 프랑스도…대북제재 속 인도적 지원은 계속."

아시아경제. 2019/1/16. "노르웨이 대북지원 160만 달러…영국NGO는 밀가루."

연합뉴스. 2017/5/2. "스웨덴, 유엔 대북사업에 9억원 지원."

연합뉴스. 2017/5/31. "독일 NGO, 북한 영양개선 사업에 16억원 지원."

연합뉴스. 2017/12/2. "RFA '스위스, 대북 인도적 지원 지속 방침'."

연합뉴스. 2018/6/20. "유니세프 '북한 어린이 5명 중 1명 발육저해…평양 밖 더 심각'."

통일신문. 2018/3/29. "대북원조와 북한의 변화."

프레시안. 2018/4/16. "유엔보고서 '北 1000만 명이 영양부족'."

KBS. 2017/6/20. "올 상반기 국제사회 대북지원 지난해보다 22% 감소."

KBS. 2018/11/20. "RFA "스웨덴, 올해 대북지원 470만 달러…분배감시 한 차례."

KBS. 2019/1/25. "독일·스위스·스웨덴 대북지원 기부금 이달 총 230만 달러."

VOA. 2017/6/1. "프랑스, 대북 식량안보 사업 21만 달러 지원."

VOA. 2016/6/9. "프랑스, 대북 식량 지원 사업에 34만 달러 지원."

YTN. 2017/4/20. "유럽 민간 구호단체들, 잇달아 대북 인도적 지원 나서."

|제 5 장|

북한의 對 유럽(EU) 정책[*]

정일영(IBK기업은행 북한경제연구센터)

I. 들어가며

제5장에서는 북한의 對 유럽(EU) 정책이 어떻게 변화해 왔는지 그 특징을 분석하겠다. 특히 김정은 시대의 EU 정책을 새롭게 조명해 보고자 한다.[1]

1990년대 중반 이후 북한은 핵개발과 장거리 미사일 발사 등 군사적 도발을 지속하며 국제사회로부터 고립되어 왔다. 특히 2016년 두 차례의 핵실험과 2017년 장거리 미사일 발사는 강력한 국제사회의 제재를 불러왔다. 다만 2018년 2월 평창 동계올림픽 이후 조성된 협상 국면은 남북정상

---

* 이 장은 저자가 발표한 학술논문, 정일영. 2018. "북한의 對 유럽정책: 전략과 김정은 시대의 함의."『아태연구』제25권 제2호를 수정·보완한 것임을 밝힌다.

1) 북한의 對 유럽(EU) 정책에 관한 연구는 유럽이라는 지리적 성격과 EU라는 제도적 성격, 그리고 이에 속한 국가의 대외정책과 이들 간 상호작용의 결과로 작동되는 국제정치의 행위주체로서 유럽 내지 EU를 상정하고 있다는 점에서 연구대상을 명확하게 대상화하기 어려운 한계가 존재한다. 이 연구에서는 유럽이라는 지역에 존재하는 국가간 연합제도 및 국가 간에 형성된 일정한 정치적 행태 내지 해당 국제정치 행위자에 대하여 북한이 어떠한 국가정책을 펼쳐 왔는가에 대하여 분석하도록 한다.

회담을 시작으로 북중, 그리고 북미정상회담이 순차적으로 진행되며 한반도 비핵화와 평화정착에 대한 기대를 불러일으키고 있다.

유럽, 특히 EU는 최근까지 북한과 가장 안정적으로 대화를 지속해온 서방 국가연합체이다. 북한은 2000년 1월 이탈리아와 수교를 시작으로 유럽 국가와의 외교관계에 적극적으로 나서며 프랑스와 에스토니아를 제외한 유럽연합 국가들과 국교를 정상화한 바 있다. 김정은 체제 또한 2001년 이후 진행된 관계정상화와 상호교류, 그리고 일정한 수준의 정치대화를 지속하며 유럽과 우호적인 관계를 지속하려 노력했다(통일부 통일교육원 2017, 81-85).

EU는 북한이 불편해하는 인권문제를 제기하면서도 2015년까지 14차례의 EU-북한 정치대화를 꾸준히 개최해왔다. 특히 유럽의회 한반도관계 대표단은 한반도 정세가 위기로 치닫던 2018년까지 북한을 방문해 한반도 비핵화와 관련한 비밀대화를 지속해 온 것으로 알려졌다(The Telegraph 2018/3/14). 북한은 왜 다른 국가들과 달리 유럽(EU)과 느리지만, 또한 후퇴하지 않는 외교관계를 유지해 왔을까?

결과적으로, 북한은 유럽을 통한 균형과 견제, 위기의 회피를 추구해왔다. 북한은 과거 강대국 외교가 위기에 봉착할 때, 즉 1960년대 중소분쟁 시기, 그리고 1990년대 미·일과 관계정상화 노력이 한계에 다다랐을 때 유럽과 관계개선을 모색해왔다. 위기에 직면한 북한은 유럽을 통해 한반도 정세를 안정시키고 정치경제적 탈출구를 모색했던 것이다. 이런 이유에서 북한의 對 유럽(EU) 정책은 최근 한반도 정세의 변화 속에 새롭게 조명되어야 할 주제이다. 향후 한반도의 평화를 안정적으로 관리하는 단계에서 유럽(EU)은 하나의 모델이자, 행위자로 중요한 역할을 담당할 수 있다.

북한의 對 유럽(EU) 정책 내지 상호관계에 관한 연구는 한반도 주변 강대국과 북한에 관한 연구에 비해 양적, 질적으로 부족했던 것이 사실이다. 이마저도 상당 부분 1) 유럽(EU)의 대북정책,[2] 2) 유럽(EU)의 북한인권 정책,[3] 그리고 3) 개별 유럽(EU) 국가와 북한과의 관계[4]에 초점이 맞춰져 왔다. 북한의 對 EU 정책에 관한 체계적인 연구는 한양대학교 통일정책연구소(2008)의 연구가 대표적이다. 최성철, 홍용표 등은 북한과 서유럽, 그리고 동유럽의 상호관계를 역사적으로 분석하고 그 특징을 분석한 대표적인 연구라 할 수 있다(한양대학교 통일정책연구소 2007). 관련하여 정성장은 김정일 시대에 북한과 EU와의 관계를 서유럽을 중심으로 분석하였다(정성장 2002). 결론적으로, 최근까지 북한의 對 유럽(EU) 정책에 관한 연구는 매우 제한적인 범위에서 진행되어 왔다.

제5장은 다섯 개의 절로 구성되어 있다. 서론에 이어 제2절에서는 북한의 對 유럽(EU) 정책이 역사적으로 어떻게 변화해왔는지 분석하고 제3절에서 이러한 변화의 특징을 도출한다. 제4절에서는 김정은 시대의 對 EU 정책에 관하여 시론적인 분석을 진행하고 마지막으로 제5절에서 이 연구의 결과를 정리하고 추가적으로 요구되는 연구과제를 제안하도록 하겠다.

---

2) 이와 관련한 연구로는 이무성·박민중(2016); 이수형(2013); 김성형(2010); 송태수(2009) 등이 있다.
3) 이와 관련한 연구로는 황기식·김현정(2011); 윤우(2010); 이선필(2009); 최의철(2007) 등이 대표적이다.
4) 이와 관련한 연구로는 이경석(2016); 김소영(2014) 등이 있다.

II. 북한의 對 유럽(EU) 정책: 역사적 경과

북한은 헌법 제17조에서 자주, 평화, 친선을 대외정책의 기본이념으로 제시하고, "반제자주력량의 단결강화와 비동맹 운동의 확대 발전", 그리고 "사회주의 력량과 국제공산주의 운동의 단결"을 강조하고 있다(통일부 통일교육원 2017, 62-63). 이러한 대외정책에 따라 북한은 해방 이후 對 유럽정책에 있어 소련을 중심으로 한 진영외교를 강조해왔다. 그러나 냉전의 종식과 경제위기, 국제정세의 악화는 그들이 동유럽에서 서유럽으로 관심을 돌리는 결과를 가져왔다.

제2절에서는 북한의 對 유럽(EU) 정책을 네 시기, 즉 1) 소련 중심의 진영외교 구축기(해방 이후 1950년대), 2) 對 유럽정책 다변화기(1960년대-1980년대), 3) 생존외교를 통한 위기극복기(1990년대), 4) 관계정상화와 유인외교의 병행추진기(2000년대 이후)로 나누어 분석하도록 한다.

1. 소련 중심의 진영외교 구축기: 해방 이후 1950년대까지

해방 이후 북한은 소련을 중심으로 한 진영외교에 몰두했다. 북한은 세계를 미국 중심의 '제국주의' 진영과 소련 중심의 '국제민주' 진영으로 나누고, "소련, 중화인민공화국을 비롯한 사회주의진영 나라들과의 국제주의적 친선과 단결"을 강조했다(김일성 1981, 321). 이와 같은 대외정책은 해방 이후 한반도 북반부에서 국가 건설과 한국전쟁, 그리고 재건 과정에서 소련의 역할이 절대적이었기 때문이었다. 해방 이후 한반도에 진주한 소련군은 1948년 조선민주주의인민공화국의 수립을 지원하였으며 가장 먼저 국교를 수립하게 된다(최성철·홍용표 2008a, 129). 소련은 북한의 국가건설 이후에도 3천여 명의 군사고문단을 통해 한국전쟁을 지원했으며 전후 북한의 재건을 위해 10억 루블을 원조하였다(국사편찬위원회 2006, 797).

북한은 소련이 지원한 재건자금을 김책제철소 등 파괴된 산업시설공장을 재건하고 "견방직 공장, 육류 종합공장, 해어통조림공장, 염산공장, 염색공장과 표백공장, 뜨락또르수리공장" 등을 신설하는데 투자하였다(김일성 1960, 57-91). 이와 같은 소련의 지원은 중소분쟁이 본격화된 1960년대까지 지속됐다.

북한은 국가수립과 함께 1948년과 1949년 유고슬라비아를 제외한 동유럽의 사회주의 국가들과 국교를 수립하였다. 이들 '사회주의 형제국가'들은 한국전쟁 기간 의료지원단 등을 파견하고 전후 북한의 국토재건을 지원하였다. 김일성 또한 1956년 6월부터 7월까지 소련과 동유럽 7개국을 방문하고 진영외교를 강화해 나갔다(박태호 1985, 195).

다만 이 같은 협력은 소련의 절대적 영향력 하에 진행된 것으로 개별적인 협력관계로 발전하지는 못했다. 결국, 1956년 제20차 소련공산당대회에서 흐루쇼프가 평화공존을 제기하고 중소분쟁이 격화되면서 북한과 동구사회주의 국가들은 상당 기간 소원한 관계를 유지하게 된다(최성철·홍용표 2008a, 134-135).

반대로, 해방 이후 북한과 서유럽 국가들과 갈등 관계를 형성하였다. 특히 한국전쟁에 영국과 프랑스, 네덜란드 등이 유엔연합군 소속으로 병력을 파견하고 이탈리아, 덴마크 등이 의료지원단 파견을 통해 참전함에 따라 1950년대 말까지 적대적 관계가 지속됐다.

2. 對 유럽외교 다변화기: 1960년대부터 1980년대까지

소련을 중심으로 동유럽 국가들과 진영외교를 추구하던 북한은 1960년
대부터 다변외교를 모색하게 된다. 1960년대 북한은 '사회주의 나라들의
통일'을 여전히 강조하면서도 아시아와 아프리카, 라틴아메리카 나라들과
관계를 강화시켜 나갔다(리춘희 1987, 1-14). 북한은 또한 한국전쟁 이후
진영외교 속에 적대적 관계를 유지해오던 서유럽의 민주주의 국가와 새로
운 관계를 모색해 나갔다. 김일성은 1962년 9월에 개최된 조선로동당 제4
차 대회에서 진행한 중앙위원회 사업총화에서 경제 및 문화교류를 중심으
로 "자본주의국가들과 정상적인 관계 수립"을 표명하게 된다(조선중앙통신
사 1962, 60). 이는 1962년 중국과 인도의 국경전쟁 당시 소련의 인도적 지
원과 쿠바위기 이후 미소의 화해를 계기로 소련 중심의 진영외교를 탈피
하는 과정에서 구체화 되었다.

북한은 1950년대 말부터 민간협력의 방식으로 서유럽 국가들과 새로운
관계를 모색하게 된다. 북한은 1956년 스위스와 민간협력을 시작한 이후
영국, 프랑스의 민간단체가 방북하였으며, 1958년 영국, 스웨덴, 1959년
서독 등과 민간무역협정을 체결하게 된다. 또한, 1960년대 말 노르웨이,
네덜란드, 덴마크, 스웨덴, 프랑스 등과 무협협정을 체결했으며, 무역 대
표부와 공보부가 설립되고 민간친선협회가 결성되는 성과를 가져왔다. 결
국, 1970년 4월 조선로동당 대표단이 스웨덴, 핀란드, 노르웨이, 이탈리아
등을 방문하고 외교 관계의 정상화를 추진하게 된다.[5]

---

5) 1970년대 초반에 진전된 서유럽 국가와의 관계에서 좌파정당 및 사회단체와의 교
   류 또한 중요한 외교대상으로 상정되었다(리춘희 1987, 183).

이와 같은 노력의 결과로, 1971년 12월 20일 '말타'가 서유럽 국가 중 최초로 북한과 국교를 수립하였다. 이어서 1973년에 스웨덴(4월 7일), 핀란드(6월 1일), 노르웨이(6월 22일), 덴마크(7월 17일), 아이슬란드(7월 27일) 등이, 1974년에 오스트리아(12월 12일)와 스위스(12월 20일)가, 그리고 1975년에는 포르투갈(4월 15일)이 북한과 국교를 정상화하게 된다(조선중앙통신사 1976, 691–721; 최성철·홍용표 2008b, 25–31). 그러나 1974년 발생한 석유파동으로 파생된 무역수지 적자의 위기를 북한이 극복하지 못하고 모라토리움을 선언함으로써 양자 간 관계를 중단되고 만다.

북한은 가중되는 경제위기를 극복하기 위해 1980년 제6차 당대회에서 '구라파의 자주화를 위한 연대'를 명분으로 서유럽 국가들과 경제협력을 통한 대외무역 확대를 추진하였다(리춘희 1987, 259–261). 그러나 1983년 미얀마에서 발생한 아웅산 폭파사건으로 북한에 대한 불신이 확대되며 이렇다 할 성과를 얻지 못하고 1990년대 최악의 경제위기를 맞게 된다.

북한은 또한 1965년 소련과 관계를 회복하면서 이전까지 소원해졌던 동유럽 국가들과 새로운 관계를 모색하게 된다(통일부 남북회담본부). 북한은 1972년 미중관계가 정상화된 이후 제3세계 비동맹 운동에 참여하는 과정에서 유고슬라비아와 관계를 정상화하였으며, 1975년 루마니아, 1977년 폴란드와 관계를 복원하게 된다(최성철·홍용표 2008a, 134–140). 다만 동 시기 사회주의 국가와의 관계는 내정불간섭, 호상준중, 평등과 호혜의 원칙 등 자주성의 원칙이 강조되었다(김일성 1984, 403–404).

1970년대 초중반 북한과 동유럽 국가간 교류현황을 정리하면 [표 1]과 같다.

[표 1] 북한과 동유럽 국가간 교류현황(1970-1975)

국 가	북한대표단의 동유럽 방문	동유럽 국가의 북한 방문
루마니아	71	78
불가리아	52	59
동독	44	56
체코슬로바키아	40	47
헝가리	41	66
폴란드	35	35
유고슬라비아	15	17
알바니아	10	5

출처: 리춘희(1987, 94)

이와 같은 관계변화는 단순히 소련 중심의 동맹외교가 아닌 동구 사회주의 국가들과도 다변화된 실리외교를 추진한 결과라 할 수 있다(조선중앙통신사 1976, 500-501).

다만 1980년대 미소간 무한군비경쟁이 가열되면서 북한은 '반제자주력량'을 강화하고 제3세계 비동맹운동을 포함한 '국제혁명력량' 강화를 주장하게 된다(김일성 1987, 356-369). 이 시기 북한과 동유럽 사회주의 국가간 교류가 강화되면서 1981년부터 1983년까지 동유럽 국가들이 약 480여 차례 북한을 방문했으며, 북한 또한 290여 차례 동유럽 국가들을 방문하며 진영외교가 재등장하게 된다(김경민·김정용 2008, 155).

1960년대부터 1980년대의 시기는 각각의 시기를 대변하는 사건과 정책의 변화들이 다양하게 중첩되어 있는 것이 사실이다. 다만 이 시기를 다변화기로 정리한 것은 소련을 중심으로 한 사회주의 진영외교로부터 서유럽으로의 확장과 그에 따른 다양한 유럽정책의 부침이 있었음을 의미한다.

3. 생존외교를 통한 위기극복기: 1990년대

북한은 1990년대 최악의 국가위기에 직면한다. '고난의 행군'으로 명명된 위기는 정치, 경제위기뿐만 아니라 안보위기가 중첩되어 나타났다. 첫 번째로, 1990년대 초반 소련과 동유럽 국가들은 체제전환과 함께 한국과 국교를 정상화하게 된다. 북한은 국제정치에서 고립되었으며 1994년 7월의 남북정상회담을 앞두고 김일성 주석이 사망하며 국내정치의 구심점을 잃게 되었다.

두 번째로, 1990년대 중반 극대화된 경제위기는 식량난에 따른 대량 아사와 탈북으로 이어졌다(남성욱 1999, 260-265). 북한의 계획경제체제는 국가 공급의 한계와 함께 붕괴했고 이를 암시장이 대체하게 된다. 생존을 추구하는 구성원은 국가가 강제한 경계를 넘어 시장과 국경을 넘어선 것이다.

세 번째로, 냉전의 해체로 고립된 북한은 안보위기를 핵 개발로 극복하려 했다. 미국과 한국 등 한반도 주변국가들은 북한의 핵 무장을 용납하지 않았으며 이 과정에서 제1차 북핵 위기(1993)가 발생하게 된다. 이와 같은 국가위기 속에 북한은 국제사회의 인도적 지원을 공식적으로 요청하는 등 생존외교에 집중하게 된다.

1990년대 동유럽 사회주의 국가들은 체제전환의 소용돌이 속에 북한과 정상적인 외교관계를 지속하지 못했다. 이와는 달리 서유럽의 민주주의 국가들은 북한의 식량난을 지원하는 등 인도적 차원의 대북 관계를 강화하게 된다.[6] 1995년 북한이 국제사회에 인도주의적 지원을 요청한 이후 유럽연합이

---

6) 동 시기는 특히 1993년 11월 유럽연합(EU)이 출범함에 따라 북한과 서유럽과의

1억 6백만 유로, 세계식량프로그램(World Food Programme)이 5천만 유로, CESVI(이탈리아), Children's Aid Direct Plan(영국), Concern Worldwide (아일랜드), German Agro Action(독일), 그리고 국경 없는 의사회 등 NGO 단체들이 약 1천만 유로를 지원하는 등 총 1억 6천 8백만 유로가 북한에 지원됐다(김정용 2008, 43). 또한, 1993년 북핵 위기를 해결하는 과정에서 EU는 한반도에너지개발구기(KEDO: Korean Energy Development Organization)에 참여하는 등 한반도 문제 해결에 있어 적극적인 관여정책을 추진하게 된다 (WISE 1997/6/13).

북한은 김용순 당비서를 대표로 1993년 3월부터 4월까지 스웨덴, 덴마크, 이탈리아 등을 방문하고 노르웨이, 스페인, 영국공산당 대표를 북한에 초청하는 등 인도적 지원을 확보하기 위한 외교활동을 진행하였다. 북한은 경제위기를 극복하기 위한 인도적 지원을 요구하는 대신 EU의 정치대화를 수용하게 된다. 그 결과 1998년 12월 북한－EU 간 역사적인 정치대화가 벨기에에서 개최되었다. 양자 간 정치대화는 인도적 지원의 확대와 함께 북한의 핵·미사일 개발 포기, 인권문제의 해결, 그리고 남북대화 수요 등이 의제로 논의되었다.[7]

북한은 또한 1990년대 말부터 유럽을 통한 자본주의 학습에 나서게 된

관계가 EU를 중심으로 새롭게 정립되어 간 시기라 할 수 있다.

7) 북한과 유럽연합의 정치대화는 2015년 6월 평양에서 개최된 정치대화를 포함하여 지금까지 총 14차례 진행되었으나 북한의 연이은 핵실험과 장거리 미사일 발사로 국제사회의 내북 경제제재가 강화되고 유럽연합이 이에 동참함에 따라 현재까지 재개되지 않고 있는 상황이다. 북핵 문제의 해결뿐만 아니라 인권문제와 인도적 지원에 관한 문제 등 다양한 이슈에 대하여 북한과 대화를 진행해 온 EU의 이러한 노력은 유럽연합의 외교정책에 내포된 정체성, 즉 규범세력(normative power)으로서의 정체성에 기인한바 크다. 이와 관련한 연구로는 최진우·김새미(2016) 참조.

다. 1997년 UNDP(United Nations Development Program)의 지원으로 매년 10여 명의 전문가가 스위스 '다자협상실습연구소(CASIN)'에서 연수하였고, 1998년 7월에는 경제전문가 27명이 헝가리의 '중부유럽대학'에서 3주 일정으로 국제금융 동향을 학습하였다(김정용 2008, 42-45).

4. 관계정상화와 유인외교의 병행추진기: 2000년대 이후

북한은 2000년 이후 EU 회원국에 대한 적극적인 외교활동을 전개해 나갔다. 이와 같은 전개는 2000년 남북정상회담과 북핵 문제 해결을 위한 국제사회의 노력이 일정한 반작용으로 나타났다고 할 수 있다. 다만 6자회담이 중단된 2008년 이후 북한의 유럽 정책은 국제사회의 제재와 고립을 회피하기 위한 유인외교의 성격이 강했다.

북한은 1999년 9월 제54차 유엔총회를 앞두고 EU 회원국들에게 외무장관 회담을 제의하는 등 유럽 특히 EU의 주요 국가들과 관계개선에 적극적으로 나섰다. 그 결과 2000년 1월 이탈리아와 수교에 성공했으며, 2000년 10월 서울에서 개최된 제3차 아시아·유럽정상회의(ASEM)를 통해 영국, 독일, 스페인 등이 북한과 수교를 천명하게 된다.

북한과 EU의 관계는 2001년 5월 2일 당시 유럽연합 의장인 스웨덴의 페르손 총리가 북한을 방문하면서 정점에 다다랐다. 페르손 총리 등 EU 대표단은 김정일 당시 국방위원장과 회담하고 2003년까지 북한의 미사일 발사를 유예하는 것에 동의하였다. EU 대표단은 북한 인권문제에 대해서도 우려를 표명했으며 북한의 경제조사단의 유럽 방문에도 합의하였다.

이와 같은 양측의 정상급 회담이 성사된 이후 2000년 5월 14일 EU 집행위원회(European Commission)가 북한과의 관계 정상화를 공식 발표하게 된다. 북한과 EU 간 진행된 외교적 노력은 양자 간 외교관계의 정상화로 이어졌다. 북한은 프랑스와 에스토니아를 제외한 EU 회원국들과 외교관계를 수립하게 된 것이다(조선중앙통신사 2002, 443-451; 통일부 통일교육원 2017, 96).

2001년 5월 EU 대표단의 북한 방문은 북한의 對 유럽(EU) 정책에서 하나의 전환점이 되었다. 당시 북한을 방문한 EU 대표단은 의장국 페르손 총리와 하비에르 솔라나 공동외교안보정책 고위대표, 크리스토퍼 패튼 대외관계담당 집행위원 등 이전에 없었던 고위급대표단이었다. 북한은 EU의 '최고위급대표단' 방문을 대대적으로 홍보했는데, 5월 3일 로동신문은 1면에서 EU 대표단 소식을 전하며 "조선과 유럽동맹 사이의 이해와 신뢰를 두터이"하고, "선린, 협조관계"를 새롭게 발전시키는 계기가 되었다고 강조하였다(로동신문 2001/5/3; 2001/5/4).

EU 대표단의 북한 방문과 김정일 당시 국방위원장과의 회담 소식을 전한 로동신문 1면 보도는 [그림 1] 사진과 같다.

당시 로동신문은 북한-EU 관계의 발전이 "전반적 국제관계발전과 조선반도와 유럽, 세계의 평화와 안전보장"에 이바지하는 것이라고 주장했다(로동신문 2001/5/2; 2001/5/7). 또한, 북한은 유럽연합이 국제관계에서 "다극화를 추동"하는 행위자임을 여러 차례 강조했다는 점이 눈에 띈다 (로동신문 2001/5/3). 북한은 EU를 통해 미국과 중국에 집중된 대외관계에 다양성을 부여하고 강대국 외교가 경직될 경우 EU와의 관계를 활용하고자 한 것이다.[8]

[그림 1] 노동신문의 EU 대표단 방북 보도

출처: 로동신문(2001/5/3/; 2001/5/7)

당시 로동신문은 북한－EU 관계의 발전이 "전반적 국제관계발전과 조
선반도와 유럽, 세계의 평화와 안전보장"에 이바지하는 것이라고 주장했
다(로동신문 2001/5/2; 2001/5/7). 또한, 북한은 유럽연합이 국제관계에서
"다극화를 추동"하는 행위자임을 여러 차례 강조했다는 점이 눈에 띈다
(로동신문 2001/5/3). 북한은 EU를 통해 미국과 중국에 집중된 대외관계에
다양성을 부여하고 강대국 외교가 경직될 경우 EU와의 관계를 활용하고
자 한 것이다.[9]

---

8) EU는 2004년 7월 EU 의회 한반도관계 대표단(단장: 허버트 레울－독일 국적)을
   구성한 이후, 2005년 7월부터 2013년 7월까지 총 6차례 북한을 방문하는 등 교류
   를 지속하여 왔다(외교부 2013/7/20).
9) EU는 2004년 7월 EU 의회 한반도관계 대표단(단장: 허버트 레울－독일 국적)을

북한은 EU가 '커다란 인적, 물적 잠재력과 정치, 군사적 능력'을 보유하고 있음을 강조하고 '하나의 극'으로서 유럽연합의 등장이 세계의 다극화를 추동하고 있다고 주장하였다(리학남 2009/12/1). 연장선에서, 북한은 1998년 12월 브뤼셀에서 Troika 차원(EU 현·차기 의장국, 집행위)의 지역 국장급 정치대화를 개최한 이후 매년 양자 간 정치대화를 진행해왔다.10) 양자는 지난 2015년 6월에 제14차 국장급 정치대화를 평양에서 개최하는 등 최근까지 EU를 통한 소통, 혹은 고립의 탈출을 추구해 왔다.

EU 또한 북한이 안보와 인권문제에 있어 책임 있는 행동을 취할 수 있도록 압력과 협력을 지속해왔다. 2001년 3월 EU 집행위원회는 EU−북한 간 전략보고서(The EC−Democratic People's Republic of Korea(DPRK))를 채택한 바 있다. 동 보고서에서 EU는 북한이 국제사회와의 경제교류를 통해 경제안정을 이룰 수 있도록 협력해야 한다고 강조하였다(EEAS 2001). 다만 2002년 2차 북핵위기 이후 EU가 추진한 경수로 개발지원과 경제개발 프로그램이 중단되면서 위기를 맞기도 했다(Clara Rortela 2015, 6).

EU의 대북정책은 다양한 행위자들이 참여했을 뿐만 아니라 상당한 인내를 통해 점진적으로 진전되어 왔다. 유럽연합은 의회와 산하 위원회, 각국 외교관, 그리고 경제전문가 등이 2004년과 2005년, 그리고 2007년에 평양을 방문해 북한−EU 경제개혁 워크숍을 진행하는 등 북한의 경제개

구성한 이후, 2005년 7월부터 2013년 7월까지 총 6차례 북한을 방문하는 등 교류를 지속하여 왔다(외교부 2013/7/20).

10) 다만 2005년 EU가 북한 인권결의안을 유엔에 상정한 이후 북한의 거부로 중단되었다가 2007년 2.13 합의 이후 재개되었으며 2012년부터 2014년까지 다시 대화가 중단되었다가 2015년 6월 평양에서 제14차 정치대화를 개최하였으며 이후 다시 중단된 상태이다(외교부 2017/7/7).

혁을 지원하기 위해 노력을 멈추지 않았다(김계동 2012, 393). 특히 EU는 6기 유럽연합 의회가 출범한 2004년 '한반도 관계 대표단'을 구성해 북한뿐만 아니라 한국을 주기적으로 방문하며 한반도 문제에 대한 EU의 역할을 강화해 왔다.

EU는 북한의 경제개혁을 지원함과 동시에 인권문제에 대해서도 적극적인 입장을 표명해왔다(EEAS 2016/6/26). EU는 2003년 이후 UN 인권위원회에서 북한인권결의안을 주도한 핵심 주체이기도 하다. EU가 2005년 11월 UN에 상정한 북한인권결의안이 채택되면서 양자 관계가 냉각기를 보내기도 했다(통일부 북한정보포털). 아마도 EU는 경제지원과 인권문제를 북한과 안정적으로 논의하는 유일한 행위자일 것이다.

III. 북한의 對 유럽(EU) 정책: 세 가지 전략

제3절에서는 북한의 對 유럽(EU) 정책에서 드러난 특징을 정리하도록 한다. 2절에서 정리한 역사적 경과를 통해 나타난 세 가지 특징은 다음과 같다. 북한의 유럽(EU) 정책은 첫째, 강대국 우선의 편승 외교, 둘째, 국제적 고립을 극복하기 위한 다변 외교, 셋째, 경제적 이익을 추구하는 실리 외교로 나누어 설명될 수 있다.

1. 강대국 우선의 편승 외교

북한은 한반도 주변 강대국, 즉 해방 이후 1960년대까지는 소련과 중국을, 그리고 1990년대 이후로는 미국과의 관계개선을 위해 노력해왔다.

첫 번째로, 북한은 해방 이후 소련과 중국이라는 사회주의 강대국에 편 승한 진영외교를 추진했다. 해방 이후 한반도 북반부에 진주한 소련은 김 일성을 정치지도자로 하는 건국을 지휘했으며 한국전쟁의 시작과 휴전의 성립까지 북한정치에서 상위 결정권자로 군림하였다. 북한은 소련의 절대 적인 영향력 속에 정치, 경제적 후원에 의존했으며 대소 의존 관계는 북한 의 對 유럽 정책에서 상수로 규정됐다(최성철·홍용표 2008b, 23).

두 번째로, 북한은 1990년대 소련과 동유럽 사회주의체제가 붕괴된 이 후, 탈냉전기 패권국인 미국과 관계개선을 위해 노력해 왔다.11) 북한은 미 국이 자신의 체제를 보장할 수 있는 어쩌면 유일한 국가임을 알게 된 것이 다. 북한은 1988년부터 1992년까지 북경에서 28차례의 외교관(참사관급) 접촉을 진행하고 1994년 10월 '제네바 합의'를 통해 북핵 문제의 해결을 위한 양자 간 협력에 합의하게 된다.

또한, 2000년 10월 북미 관계의 정상화를 다룬 "북미 공동 코뮤니 케"(US-DPRK Joint Communique)에 합의하였다. 북미는 합의문에서 "쌍 방은 그 어느 정부도 타방에 대하여 적대적 의사를 가지지 않을 것이라고 선언하고 앞으로 과거의 적대감에서 벗어난 새로운 관계를 수립하기 위하 여 모든 노력을 다할 것이라는 공약을 확언"하였다(허문영 외 2007, 32-35).

---

11) 같은 기간 북한은 일본과의 관계정상화를 위해 노력하여 2002년 9월 17일 김정일 과 고이즈미 일본 총리와의 정상회담을 성사시키는 등 관계정상화에 다다랐으나 북한의 핵개발 지속과 일본인 납치사건 등으로 성과를 보지 못하였다(연합뉴스 20 02/9/17).

그러나 북한의 핵실험과 미사일 발사 시험이 지속되면서 북미 관계는 더 이상의 진전을 이루지 못하였다. 결국, 북한은 2001년 5월 페르손 총리의 방북을 기점으로 對 EU 관계를 강화하게 된다. EU는 북핵 문제가 지속되는 상황에서 최근까지도 북한과 정치대화를 지속해 온 서방국가연합이다. EU는 과거 소련, 미국과 같은 강력한 편승 외교의 대상이 될 수는 없으나 균형자의 역할을 담당할 수는 있을 것이다.

2. 국제적 고립을 극복하기 위한 다변 외교

북한의 對 유럽(EU) 정책은 국제사회에서 고립을 극복하기 위한 국가전략의 측면에서 이해될 수 있다. 북한은 소련과 중국, 그리고 미국과의 관계 속에 국제사회에서 자신의 이익을 추구해왔다. 다만 이들과의 마찰로 고립에 처할 때마다 유럽(EU)과 관계를 개선함으로써 새로운 활로를 모색해왔다(최진우·김새미 2016, 82).

첫 번째로, 북한은 중소분쟁 속에서 소련 일변도의 진영외교를 탈피하고자 노력했다. 북한은 1960년대 국제적 고립을 탈피하는 과정에서 서유럽 국가들, 즉 1958년 영국, 스웨덴, 1959년 서독, 그리고 1960년대 말 노르웨이, 네덜란드, 덴마크, 스웨덴, 프랑스 등과 민간무역협정, 혹은 민간친선협회를 설립함으로써 경제협력과 문화교류를 확대해 나갔다(최성철·홍용표 2008b, 25).

두 번째로, 북한은 1971년 중국의 유엔가입과 1972년 미국 닉슨 대통령의 중국방문을 계기로 중국 중심의 외교에서 탈피해 다변, 실리외교를 추진하게 된다. 이 과정에서 북한은 제3세계 비동맹 세력의 리더라 할 수 있는 유고와 관계를 정상화하고 1975년 대소 자주노선을 추구하던 루마니아와 친선·우호조약을 체결하였으며 1977년 폴란드와 관계를 복원하게 된다(최성철·홍용표 2008a, 134–140). 강대국 중심의 외교정책의 한계를 다변외교를 통해 해소하고자 한 것이다.

세 번째로, 1994년 북한의 핵 개발 의혹이 제기된 이후, 북한은 핵 개발에 따른 국제사회의 제재에 직면하면서 미국과는 별도로 EU와 정치대화를 진행함으로써 국제사회에서 고립을 탈피하고자 했다. 북한은 2000년대 초반 EU 국가들과 국교정상화에 성공했으며 북한-EU 정치대화를 통해 국제사회와 대화를 지속할 수 있었다(EEAS 2016/6/26). 특히 2008년 6자회담이 중단된 이후 미국이 소위 '전략적 인내'를 통한 대화 없는 경제제재를 추진함으로써 EU는 다변 외교의 핵심 파트너로 위상이 강화되었다.

3. 경제적 이익을 위한 실리 외교

북한은 경제위기를 극복하는 과정에서 동, 서 유럽의 국가들과 경제협력을 강화해 왔다. 북한은 전후 국가재건 과정에서 동유럽 국가들의 지원을, 다변 외교를 추진한 1960년대 이후로는 서유럽 국가들과 경제교류를 확대하기 위해 노력했다.

첫 번째로, 북한은 전후 국가를 재건하는 과정에서 동유럽 사회주의 형제국가들의 지원에 의지했다. 동유럽의 각국은 북한 도시와 산업시설을 재건하기 위해 '1국(國) 1도(都)', 즉 하나의 국가가 한 개 도시를 지원하는 형식으로 북한을 원조했다. 예를 들면, 함흥은 동독이 재건을 지원했으며,

청진은 폴란드가 지원하는 방식이었다(차문석 2013, 263–264). 또한, 루마니아는 순천의 아스피린공장, 불가리아는 원산의 벽돌공장과 평양의 목제품제조공장, 그리고 체코는 덕천의 자동차 수리공장 재건을 지원했다고 한다(박종철 2014, 56).

두 번째로, 북한은 1961년부터 1967년까지 제1차 7개년계획 이후 자립경제 노선의 한계에 직면해 서유럽 국가들의 자본과 기술, 그리고 설비들을 도입하고자 했다. 북한은 구체적으로 석유화학단지 설비를 포함해 5,400만 달러에 달하는 설비를 프랑스로부터 구입했으며, 1972년 9,500만 달러 상당의 플랜트, 1973년 1억 6천만 달러의 시멘트 공장 설비를 서유럽 국가들로부터 구입하는 등 일정한 성과를 달성한 바 있다(최성철·홍용표 2008b, 30–31).

세 번째로, 북한은 1990년대 극심한 식량난을 극복하기 위해 서유럽 국가들의 인도적 지원에 상당 부분 의지했으며, 2000년대 이후로는 EU의 대북투자를 확대하기 위해 노력해왔다. EU는 1995년 이후 2000년까지 인도적 지원 명목으로 약 2억 6백만 유로를 지원하였다. 이 중 식량 지원이 1억 6천 8백만 유로, 의약품 공급과 주민들에 대한 취수설비 등 인도적 지원이 약 3천 8백만 유로로 상당한 규모의 지원이 이루어졌다(윤덕룡 2001, 182–183). 이와 관련하여 EU의 국가별 대북 투자 현황을 정리하면 [표 2]와 같다.

북한과 EU의 무역 규모는 1992년 1억 7천 3백만 달러, 2006년 1억 9천 5백만 달러로 평균보다 높은 수치를 나타냈으며, 수입은 1994년부터 1998년까지 북한의 對 EU 수입액이 2억 달러 이상을 유지하였다. 북한과 EU 간 무역은 2001년 전체무역에서 14.2%를 차지하는 등 상당한 규모를 차지하였다(김지연 2011, 213).

[표 2] EU의 주요 국가별 대북 투자 현황

국가 / 시기	영국	독일	프랑스	네덜란드	이탈리아	스웨덴	오스트리아	덴마크	폴란드	불가리아	기타	총계
1990년 이전			1	1	1				1			4
1991 - 2000년	1	2				1	1					5
2001 - 2010년	7	6	4	3	3	3	3	1	1	1	1	33
기타(미상)	2				1		1					4
총 계	10	8	5	5	4	5	4	1	2	1	1	46

출처: 김지연(2011, 208)

IV. 김정은 시대의 對 유럽(EU) 정책

김정은 시대의 대외정책은 '주체의 기치, 선군의 기치' 아래 '사회주의 강성국가건설'을 위한 '국제혁명역량' 강화를 주장하면서도, 자주와 친선, 평화의 이념에 따라 세계의 '진보적 나라와 인민들과의 단결과 협조관계'를 발전시킨다는 점을 강조하고 있다(김추남 2013).

김정일 국방위원장이 2011년 12월 17일 사망하면서 등장한 김정은 체제는 여러 가지로 베일에 싸여 있었다. 북한과 미국은 2012년 2월 23일부터 24일까지 베이징에서 고위급 회담을 진행하고 일련의 합의(2.29 합의)를 이끌어 내기도 했다(통일신문 2018/6/18).

그러나 북한이 2012년 장거리 미사일 광명성 3호와 은하 3호를 발사하고 2013년 2월 제3차 핵실험을 강행하였다. 이에 대응해 국제사회는 대화를 통한 문제 해결보다는 경제제재를 통한 문제 해결에 집중하게 된다. 특히 2016년 북한이 제4차 핵실험(1월 6일)과 제5차 핵실험(9월 9일)을 단행한 이후 UN 안보리가 채택한 대북제재 결의안 2270호(외교부 2016/3/3)와 결의안 2321호는 중국의 동의하에 북한의 석탄 수출을 제한하고, 북한의 공관인력에 대한 감축, 회원국 금융기관의 북한 내 활동을 금지, 90일내 기존 사무소·계좌 폐쇄하는 등 강력한 조치를 취하게 된다(외교부 2016/12/2). 이같이 국제사회의 대북제재동맹이 강화됨에 따라, EU를 포함한 유럽의 제 국가들도 자체의 대북제재를 강화해왔다.

북한과 EU 간 무역은, 북한을 중심으로, 對 EU 수출은 2011년까지 성장세를 보였으나 2011년과 2012년 한차례 급격한 감소와 증가세를 보인 후 2014년 이후 매우 위축되었다. 특히 2013년 수출의 대부분은 광물류(Mineral products)가 차지했으나 2014년 이후 수출이 중단되다시피 하였다. 북한의 對 EU 수입은 2006년 이후 완만하게 감소하는 현상을 보이다 2014년 이후 매우 위축된 상태이다. 양자 간 무역 규모가 2004년 약 3억 5,100만 유로였던 점을 감안하면 2016년 현재 무역 규모는 약 2,700만 유로로 그 규모가 1/10 이하로 축소된 것이다.[12]

북한과 EU 간 무역 현황을 정리하면 [그림 2]와 같다.

---

12) 2016년 현재 EU(28)는 북한에게 7번째 수입국이며 수출은 21번째로 저조한 상태이다(European Commission 2016, 1-10).

[그림 2] EU-북한 무역 현황(2006-2016)

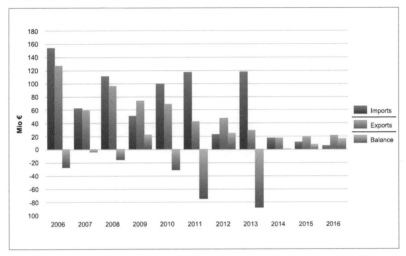

출처: European Commission(2016, 3)

이와 같은 변화는 북한의 장거리 미사일 발사(2012년 4월, 12월)와 제3차 핵실험(2013년 2월) 등 북한의 무력도발이 국제사회의 제재동맹을 강화시켰고 유럽연합과 소속 국가들이 대북 경제제재에 적극적으로 동참한 결과라 할 수 있다. 북한의 장거리 미사일 발사와 제3차 핵실험에 대응하여 UN 안보리는 2013년에만 결의 2087호와 결의 2094호를 연이어 채택하며 북한에 대한 경제제재를 강화해 나갔다. EU 또한 북한에 대한 독자적인 제재를 현재까지 이어오고 있다(조민·김진하 2014, 74-80).[13] EU 의회는 북한의 도발에 대응해 2013년과 2014년에 각각 2차례씩 북한에 대한 제재를

---

13) 이와 관련하여 최진우·김새미는 2002년 이후 EU의 대북 강경정책이 대테러전쟁으로 악화된 미국과의 관계개선에 활용했을 가능성을 제시하고 있다(최진우·김새미 2016, 87).

강화하는 결의안을 통과시킨 바 있다(European Council).

다만 북한은 국제사회의 대북 제재동맹이 강화되는 상황에서도 EU와의 관계를 지속시키기 위해 노력해왔다. 김정은 시대의 對 EU 정책은 김정은 체제가 등장한 이후 2011년 5월 로동신문에 실린 사설을 통해 그 일단을 파악할 수 있다. 동 사설은 2001년 5월 스웨덴 페르손 총리를 단장으로 한 EU 대표단의 방북과 이후 EU와 소속 국가와의 관계정상화를 북한-EU 관계의 역사적 전환점으로 강조하고 이를 지속 발전시켜 나가야 한다고 주장했다. 북한은 EU와 북한의 관계정상화가 "공화국의 자주적이며 평화애호적인 대외정책의 결실"이며, EU가 "동북아시아와 아시아태평양지역에서 차지하는 지위와 역할을 강화하는데 기여"하였다고 주장했다. 로동신문은 "유럽동맹이 독자성을 강화하면서 지역문제를 자체로 해결"하며 북한과의 관계발전에 관심을 돌리고 있음을 주목하고 있다고 논평하였다(로동신문 2011/5/2).

실제로 북한은 2014년 9월 강석주 노동당 비서가 독일, 벨기에, 스위스, 그리고 이탈리아를 방문하고 유럽연합 가입국 의원과 유럽연합 의회대표단 등이 북한을 방문하는 등 교류를 지속해왔다. 다만 1998년부터 지속되어온 양자 간 정치대화가 김정은 체제가 출범한 2012년부터 2014년까지 중단되었으며 2015년 6월 4년 만에 개최된 이후 또다시 중단된 상황이다. 2015년 6월에 개최된 북한과 EU의 제14차 국장급 정치대화가 평양에서 개최된 이후 양자 간 정치 대화는 중단된 상태이다(외교부 2017/7/7).

제14차 정치대화에서는 북한의 핵과 장거리 미사일 프로그램의 비확산, 동북아 지역의 안정과 안보, 북한인권 문제, 그리고 기타 사회경제적 이슈 등이 논의되었으나 큰 진전을 이루지는 못한 것으로 평가된다(EEAS

2015/6/25; 로동신문 2015/6/25; 통일부 통일교육원 2017, 97). 다만 북한은 인권문제와 관련해 2015년 10월 유럽연합의 스타브로스 람브리니디스 인권특별대표를 초청하는 등 국제사회의 대북제재를 극복하기 위한 전략을 추진하였으나 이마저도 실현되지 못하였다(VOA 2015/10/23).

김정은 시대에 북한과 EU의 정치적 대화가 중단된 상황에서도 양자 관계를 유지하기 위해 노력한 행위자들이 존재해왔다. 특히, EU의 몇몇 기관과 단체들은 여전히 북한과 EU를 연결하는 가교역할을 담당하고 있다. 예를 들어, 2004년 설립된 '한반도 관계 대표단'은 동북아 정세가 악화되는 상황에서도 꾸준히 북한을 방문해 EU와 북한 관계를 유지하는 역할을 담당했다. 또한, 2013년 4월, 2014년 3월, 그리고 2015년 7월, 2016년 3월에 조나단 포웰(Jonathan Powell) 국제중재기구 최고집행관을 단장으로 유럽 정당, 정치인대표단이 북한을 방문해 EU−북한 관계를 유지하는 매개체 역할을 담당해왔다(로동신문 2013/4/23, 2016/3/3, 2013/7/16; 통일뉴스 2016/7/14). 이외에도 제한적이기는 하나 유럽의 NGO와 활동가를 중심으로 북한에 대한 인도주의적 활동이 지속되어 왔다.

유럽의 일부 국가들이 북한에 대사를 주재시키고 있다는 점 또한 북한과 유럽(EU)의 관계를 안정적으로 유지시키는 이유이다. 현재 북한에는 EU 회원국인 독일, 스웨덴, 체코, 폴란드, 불가리아, 루마니아가 대사관을 개설하고 있으며 EU 탈퇴를 선언한 영국 또한 북한에 대사를 파견하고 있다. 미국과 일본, 그리고 한국이 북한에 어떠한 공식적인 기관을 상주시키지 못하고 있는 상황을 감안하면 유럽과 북한이 상대적으로 좀더 안정적인 관계를 유지할 수 있음을 알 수 있다.[14]

결국, 김정은 시대 對 유럽(EU) 정책은 2001년 이후 진행된 관계정상화와 상호교류, 그리고 일정한 수준의 정치대화를 지속하겠다는 의도로 판단된다. 다만 2013년, 그리고 2016년에 진행된 북한의 두 차례 핵실험과 국제사회의 강한 경제제재 조치에 유럽연합이 동참하며 소기의 성과를 거두지 못한 것으로 평가된다. 최근까지 유럽연합이 북한에 대한 자체의 대북제재를 이행하고 있는 상황에서 북한의 對 유럽(EU) 접근 전략은 한동안 어려움에 처할 것으로 예상된다.[15]

다만 북핵 문제 해결을 위한 역내 다자대화가 재개되고 일정한 성과를 얻게 된다면 북한과 EU 간 정치대화가 재개될 가능성이 높으며 양자 간의 무역 또한 활성화될 것으로 예상된다(The Telegraph 2018/3/14). 무엇보다도 북한과의 정치대화가 2015년 중단된 상황에서도 최근 3년간 유럽의회 한반도 관계 대표단이 한반도 비핵화와 관련한 비공개 대화를 지속해왔다는 사실에서 북한이 EU를 통한 문제 해결에 긍정적인 입장을 가지고 있음을 알 수 있다(The Telegraph 2018/3/14).

---

14) 북한은 또한 2002년 12월 대외 유통 및 결제를 유로화로 할 것을 추진하는 등 유럽연합에 대한 우호적인 시각을 지속해왔다. 북한은 현재 EU 회원국 12개 국가에 대사를 파견한 것으로 파악되고 있다.

15) 유럽연합 이사회(Council of the European Union)는 지난 4월 자체적인 대북제재를 결의하는 등 최근에 강화되고 있는 국제사회의 대북제재에 적극적인 모습을 보이고 있다(Council of the European Union 2017/4/6). EU의 북한에 대한 독자제재 현황은 다음의 홈페이지를 <http://www.consilium.europa.eu/en/policies/sanctions/history−north−korea> 참조.

V. 나오며

제5장에서는 북한의 對 유럽(EU) 정책이 어떻게 변화해왔는지 그 특징을 분석했다. 또한 김정은 시대에 북한이 한반도 주변 정세의 변화 속에서 어떻게 유럽(EU)에 접근하려 하는지 고찰해 보았다.

북한의 對 유럽(EU) 정책은 기본적으로, 1) 소련 중심의 진영외교 구축기(해방 이후 1950년대), 2) 對 유럽정책 다변화기(1960년대－1980년대), 3) 생존외교를 통한 위기극복기(1990년대), 4) 관계정상화와 유인외교의 병행 추진기(2000년대 이후)로 나뉘어 진행됐다. 이와 같은 북한의 對 유럽(EU) 정책은 세 가지 특징, 즉 첫째, 강대국 우선의 편승 외교, 둘째, 국제적 고립을 극복하기 위한 다변 외교, 그리고 경제적 이익의 달성하기 위한 실리 외교를 중심으로 진행되었다.

북한의 핵 개발과 미사일 발사 등으로 국제사회의 제재동맹이 강화되고 있는 상황에서 김정은 시대의 북한－EU 관계는 정체 내지 악화되어 있다. 다만 북한이 여전히 EU와 관계발전을 원하는 만큼 북핵 문제가 일정한 진전을 이루고 동북아 정세가 완화되는 국면에서 EU의 역할은 다시 강조될 것으로 예상된다. 특히 양자 간 정치대화가 재개될 경우 경제협력 방안뿐만 아니라 한반도 평화체제 구축, 그리고 북한인권 문제 등 상당히 폭넓은 협의가 가능할 것이다.

이와 같은 분석에 기초해, 한국이 향후 추진해 나가야 할 정책과제는 다음과 같다. 첫 번째로, 최근 한반도 주변 정세가 악화된 상황에서 제재에 의존한 대북 강경정책은 일정 부분 한계에 다다른 것으로 판단된다. 2016

년 5월 새롭게 등장한 문재인 정부 또한 제재와 대화를 병행하고자 한다는 점에서 유럽연합과 북한간 진행된 기존의 정치대화를 우리 정부의 대북정책과 연계하기 위한 협력을 강화해 나가야 한다. 이와 관련하여 EU 이사회와 집행위원회, 그리고 의회를 대상으로 한반도 문제에 관한 이해를 공유하고 향후 전략대화를 통해 북한문제를 공동으로 해결하기 위해 노력해나갈 필요가 있다.

두 번째로, 과거 동유럽 사회주의 국가들과 관계를 강화함으로써 우리 정부의 대북, 통일정책에 대한 지지를 이끌어낼 필요가 있다. 최근 북한은 구사회주의 국가들의 공산당 간부 등을 초청하는 등 이들 국가와의 관계 개선을 위해 노력하고 있다. 이들 구사회주의 국가들은 최근 유럽연합 내, 외에서 영향력을 회복하고자 노력하고 있음을 감안할 때 적극적인 관계발전을 통해 한반도 정책에 대한 이해와 지지를 획득하는 노력이 요구된다.

세 번째로, 최근 북한과 구사회주의 국가간 외교문서를 활용한 연구가 헝가리, 불가리아를 중심으로 확장되고 있음에 주목한다. 북한연구에 있어 이들 외교문서는 매우 중요한 1차 자료로 활용될 수 있는바, 체계적인 데이터베이스 구축을 위한 연구지원이 시급하다. 연장선상에서 유럽연합과 한반도 문제에 관한 학술적 교류를 활성화하는 방안 또한 모색될 필요가 있다.

참고문헌

국사편찬위원회 편. 2006. "전쟁으로 파괴된 인민경제의 복구 사업에 소련이 조선민주
　　주의인민공화국에 원조를 제공하는 데 대하여."『한국전쟁 문서와 자료, 1950 -
　　53년』. 과천: 국사편찬위원회.
김경민·김정용. 2008. "데탕트시기의 북한과 동유럽과의 관계(1970 - 80년대)." 한양대
　　학교 통일정책연구소 편.『북한과 유럽』. 파주: 동화출판사.
김계동. 2012.『북한의 외교정책과 대외관계』. 서울: 명인문화사.
김성형. 2008. "탈냉전기 북한 - 동유럽 간 협력과 갈등관계 변천의 배경과 실제." 한양
　　대학교 통일정책연구소 편.『북한과 유럽』. 파주: 동화출판사.
김성형. 2010. "유럽연합(EU)과 북한(DPRK) 간 비대칭적 갈등과 협력 과정의 결정요
　　인 모형에 관한 연구."『국제지역연구』제14권 제1호, 3 - 30.
김소영. 2014. "바실카 니키포로바의 회고록으로 본 6·25전쟁 발발 직후 북한과 불가리
　　아의 협력관계."『중동유럽한국학회 학술대회 논문집』.
김일성. 1960.『김일성 선집』. 제4권. 평양: 조선로동당출판사.
김일성. 1981. "사회주의건설에서 인민정권의 당면과업에 대하여(1957/9/20)."『김일
　　성저작집』. 제11권. 평양: 조선로동당출판사.
김일성. 1984. "우리 당의 주체사상과 공화국 정부의 대내외정책의 몇가지 문제에 대하
　　여(1972/9/17)."『김일성저작집』. 제27권. 평양: 조선로동당출판사.
김일성. 1987. "조선로동당 제6차 대회에서 한 중앙위원회 사업총화보고
　　(1980/10/10)."『김일성저작집』. 제35권. 평양: 조선로동당출판사.
김정용. 2008. "탈냉전시기의 북한의 대서유럽접근: 국내외적 환경 및 의도." 한양대학
　　교 통일정책연구소 편.『북한과 유럽』. 파주: 동화출판사.
김지연. 2011. "북·EU 경제관계." 대외경제정책연구원 편.『북한의 대외경제 10년 평가
　　(2001 - 10년)』. 서울: 대외경제정책연구원.
김추남. 2013.『우리 혁명의 국제적련대성에 관한 사상』. 평양: 사회과학출판사.
남성욱. 1999. "북한의 식량난과 인구변화 추이, 1961 - 1998."『현대북한연구』제2권
　　제1호, 219 - 272.
리춘희. 1987.『조선민주주의인민공화국 대외관계사』. 2권. 평양: 사회과학출판사.

박종철. 2014. "한국전쟁 이후 북한 재건을 위한 동유럽 국가의 원조에 관한 일부 자료의 소개 및 검토."『중동유럽한국학회 학술대회 논문집』.

박태호. 1985.『조선민주주의인민공화국 대외관계사』. 1권. 평양: 사회과학출판사.

송태수. 2009. "유럽연합(EU)의 대북 정책과 지원정책 및 경제교류 평가."『유럽연구』제27권 제2호, 79–110.

윤덕룡. 2001. "북－EU 경제관계 10년사 평가와 전망." 조명철 외.『북한의 대외경제정책 10년: 평가와 과제』. 서울: 대외경제정책연구원.

윤우. 2010. "EU 및 유엔의 북한인권 개선노력과 과제."『북한학보』제35권 1호, 81–108.

이경석 외. 2016. "냉전기 북한－동독의 외교관계(1953–1989): 협력과 갈등."『유럽연구』제34권 제3호, 149–180.

이무성·박민중. 2016. "유럽연합의 대북한 정책: 안보문제화, 규범, 그리고 외재화."『유럽연구』제34권 제3호, 303–329.

이선필. 2009. "유럽연합의 대북한 정책에서 인권정책의 의미와 역할."『국제지역연구』제13권 제2호, 261–282.

이수형. 2013. "유럽연합의 동북아전략과 한반도정책."『한국과 국제정치』제29권 제1호, 163–191.

정성장. 2002.『김정일 시대 북한과 유럽연합: 새로운 관계의 모색』. 성남: 세종연구소.

조민·김진하. 2014.『북핵일지 1955–2014』. 서울: 통일연구원.

조선중앙통신사 편. 1962.『조선중앙년감, 1962』. 평양: 조선중앙통신사.

조선중앙통신사 편. 1976.『조선중앙년감, 1976』. 평양: 조선중앙통신사.

조선중앙통신사 편. 2002.『조선중앙년감 주체91』. 평양: 조선중앙통신사.

차문석. 2013. "문헌자료를 통해서 본 북한의 도시 역사." 사회주의 도시와 북한: 도시사 연구방법』. 파주: 한울아카데미.

최성철·홍용표. 2008a. "냉전기 북한과 동유럽의 협력과 갈등." 한양대학교 통일정책연구소 편.『북한과 유럽』. 파주: 동화출판사.

최성철·홍용표. 2008b. "냉전기 북한과 서유럽의 갈등과 협력." 한양대학교 통일정책연구소 편.『북한과 유럽』. 파주: 동화출판사.

최의철. 2005.『유럽연합(EU)의 대북 인권정책과 북한의 대응』. 서울: 통일연구원.

최의철. 2007.『유럽연합(EU)의 인권정책과 북한』. 서울: 백산자료원.

최진우·김새미. 2016. "가치의 구현과 이익의 실현: '규범적 유럽'과 북핵문제."『국제관계연구』 제21권 제1호, 65-94.

통일부. "유럽연합 및 기타국가와의 관계." (최종 검색일: 2018/10/6).

통일부 통일교육원. 2018. 『2018 북한이해』. 서울: 통일부 통일교육원.

허문영 외. 2007. 『한반도 평화체제: 자료와 해제』. 서울: 통일연구원.

황기식 · 김현정. 2011. "유럽연합의 북한 인권의 인식과 동향." 『국제정치연구』 제14권
　　제2호, 359-388.

European Commission. 2017. "European Union, Trade with North Korea." (3 May.

European Council. 2017. "North Korea: EU Expands Sanctions Against the
　　Democratic People's Republic of Korea (DPRK)." (6 April).

European Council. 2018. "EU restrictive measures against North Korea."

European Union External Action. 2001. "The EC−Democratic People's Republic of
　　Korea(DPRK)−Country Strategy Paper 2001−2004." (31 December).

European Union External Action. 2001. 2015. "EU−DPRK Political Dialogue − 14th
　　Session." (25 June).

European Union External Action. 2017. "Fact Sheet: EU−Democratic People's
　　Republic of Korea(DPRK) relations." (7 April).

European Union External Action. 2016/6/26. "북한과 EU의 관계."

The Telegraph. "European Parliament in 'secret' talks with North Korea." (14, March.

World Information Service on Energy(WISE). 1997/6/13. "EU: 75 Million ECU for
　　North Korean Nukes."

로동신문. 2001/5/3. "조선−유럽동맹관계의 새로운 발전." 제2면.

로동신문. 2001/5/3. "위대한 령도자 김정일동지를 유럽동맹 최고위급대표단이 의례방
　　문하였다." 제1면.

로동신문. 2001/5/3. "조선유럽동맹사이에 새로운 관계발전 움직임." 제6면.

로동신문. 2001/5/4. "위대한 령도자 김정일동지께서 유럽동맹 최고위급대표단을 만나
　　시였다." 제1면.

로동신문. 2001/5/7. "조선유럽동맹관계발전의 력사적인 계기." 제6면.

로동신문. 2009/12/1. "하나의 극으로 등장하는 유럽동맹." 제6면.

로동신문. 2016/3/3. "유럽의 여러 정당출신 정치인대표단 과학기술전당 참관." 제4면.

로동신문. 2013/4/23. "유럽의 여러 정당출신 정치인대표단 도착." 제4면.

로동신문. 2013/7/16. "유럽의회 조선반도관계 담당분과대표단 도착." 제4면.

로동신문. 2015/6/25. "유럽대외활동성 대표단이 떠나갔다." 제6면.

연합뉴스. 2002/9/17. "북일 평양선언."

외교부. 2013/7/20. "방북 유럽의회 한반도관계대표단, 우리의 한반도신뢰프로세스에 대한 EU 의회의 지지와 공조 의지 표명.

외교부. 2016/3/3. "유엔 안보리 대북제재 결의 2270호 채택."

외교부. 2016/12/2. "유엔 안보리 대북제재 결의 2321호 채택."

통일뉴스. 2012/2/29. "빅토리아 눌런드 미 국무부 대변인 언론 발표문."

통일뉴스. 2016/7/14. "포웰 국제중재기구 최고집행관, 유럽 정치인들 이끌고 방북."

VOA. 2015/10/23. "유럽연합 '북한, 이번 달에 인권특별대표 방문 초청'."

집필진 약력

최 진 우
한양대학교 정치외교학과 교수, 한양대학교 평화연구소 소장, (前) 한국정치학회 회장, (前) 한국유럽학회 회장
미국 워싱턴 대학교(University of Washington) 정치학 박사
전공 분야: 국제정치, 유럽정치, 비교정치
대표 논저: "What Kind of Power is the EU? The EU's Policies toward North Korea's WMD Programs and the Debate about EU's Role in the Security Arena"(2019, 공저), 「지역의 선택: 우크라이나와 몰도바의 국내정치와 지역무역협정 정책」(2018, 공저), 「하니문의 동학(動學)과 구조의 정학(靜學): 문재인 정부의 외교정책, 변화와 연속성」(2018), 『다양성의 시대, 환대를 말하다: 이론, 제도, 실천』(2018, 책임편저), 『호모 쿨투랄리스, 문화적 인간과 인간적 문화』(2018, 책임편저)

김 새 미
한양대학교 평화연구소 연구교수
이화여자대학교 지역학 박사
전공분야: 유럽문화정책, 문화도시, 국제문화교류, 문화외교
대표논저: 「신지역주의 관점에서 본 EU-동아시아 문화교류」(2019), 「문화예술 매개로 한 난민에 대한 환대 가능성」(2019), 「외교대상(target)과 실행체계를 중심으로 본 문화외교의 쟁점과 추이」(2018), 「도시재생에서 나타난 문화접근법의 대안: 시민성 회복으로서의 문화 공간」(2018), 『지역협력의 조건: 초기 유럽통합의 재고찰과 동북아시아에의 함의』(2015, 공저)

박 영 민
대진대 창의미래인재대학 교수
한국외국어대학교 정치학 박사
전공 분야: 국제정치, 남북관계
대표 논저: 「중국의 해양 정책과 북극 전략 연구」(2018), 「DMZ 군사충돌 사례와 요인연구」(2018), 『미주 언론에 비친 한국』(2017, 공저), 「김정일 이후 북한 체제유지 메커니즘의 작동체계 연구」(2015), 「김정은 정권의 대외전략과 그 요인 연구: 한국의 대북정책에 주는 함의」(2014)

모 춘 흥

한양대학교 평화연구소 연구교수

한양대학교 정치학 박사

전공 분야: 북한정치, 남북관계, 북한사회문화, 통일인문학

대표 논저: 「탈북민에 대한 '환대' 가능성 탐색」(2019, 공저), 「타자와의 조우: 북한이탈주민의 존재성과 분단체제의 현실 이해」(2019, 공저), 『다양성의 시대, 환대를 말하다: 이론, 제도, 실천』(2018, 공저), 「규범세력(normative power)으로서의 유럽연합(EU)의 對 북한 인권 정책」(2018, 공저), 「영화 <그물>을 통해서 본 '분단체제론'에 대한 비판적 고찰」(2017)

차 승 주

평화나눔연구소 연구교수

서울대학교 교육학 박사

전공 분야: 북한교육, 통일교육

대표 논저: 「통일교육의 윤리적 기초: 용서를 중심으로」(2019), 「남북한 '평화통일' 인식 비교」(2016), 「김정은 시대 북한 교육부문에서의 대중운동」(2016), 「'민주주의'에 대한 남북한 인식 비교」(2015), 「북한의 환경담론」(2015), 『오래된 미래? 1970년대 북한의 재조명』(2015, 공저)

정 일 영

IBK기업은행 북한경제연구센터 연구위원

성균관대학교 정치학 박사

전공 분야: 북한 정치, 남북경협

대표 논저: 『북한 사회통제체제의 기원』(2018), "Searching for Solutions to Verification Problems in Denuclearization of North Korea" (2018), 『북한의 변화와 한반도 미래』(2017, 공저), 「남북합의서 이행의 한계와 대안의 모색」(2017, 공저)

한양대학교 평화연구소(Hanyang Peace Institute)는 '소극적 평화'를 넘어서 '적극적 평화'에 대한 통합적이고 유기적인 연구를 통해 우리 사회에 보다 실질적이고 적실성 있는 대안을 제시하고자 설립되었다. 2010년부터 한국연구재단이 발주한 '한국사회과학연구지원(SSK, Social Science Korea)' 1·2·3단계 연구사업을 진행하고 있으며, 전문학술지 『문화와 정치』를 발간하고 있다.

이 저서는 2016년 대한민국 교육부와 한국연구재단의 지원을 받아 수행된 연구임(NRF-2016S1A3A2923970).

김정은 시대, 유럽연합과 북한

초판 발행	2019년 12월 25일
엮은이	최진우
펴낸이	안종만·안상준
편 집	우석진
기획/마케팅	오치웅
표지디자인	박현정
제 작	우인도·고철민
펴낸곳	(주)**박영사**
	서울특별시 종로구 새문안로3길 36, 1601
	등록 1959. 3. 11. 제300-1959-1호(倫)
전 화	02)733-6771
f a x	02)736-4818
e-mail	pys@pybook.co.kr
homepage	www.pybook.co.kr
ISBN	979-11-303-0814-2 93340

copyright©최진우, 2019, Printed in Korea

정 가 19,000원